Collection
ARCHIVES DES MÉTIERS

ARCHIVES
DES MÉDECINS

Dans la même collection

ARCHIVES DES POMPIERS

ARCHIVES DE L'AUTOMOBILE

ARCHIVES DES CHEMINOTS

AVERTISSEMENT

Il est essentiel de souligner que l'intégralité des textes et des photographies
composant ce livre est due à des écrivains, journalistes et photographes
de la fin du XIXe siècle ou du tout début du XXe siècle.

ISBN : 2-85132-053-X

Jacques Borgé et Nicolas Viasnoff

ARCHIVES DES MÉDECINS

ÉDITIONS MICHÈLE TRINCKVEL

SPLENDEUR
ET MISERE
DES PRATICIENS

*Le docteur Moutin
photographié dans
son cabinet, lisant le*
Progrès Médical.

L'éternelle question des honoraires

*On appréciera quelques délicates (et redoutables) façons
de se faire remettre son dû, à une époque où
les clients rechignaient à sortir
leurs louis.*

Salle d'opération improvisée dans un château réquisitionné au début de la guerre.

SPLENDEUR ET MISERE DES PRATICIENS

Non, ce brave médecin ne palpe pas le portefeuille de son client!

Dans les colonies anglaises d'Extrême-Orient, le médecin se fait solder en honoraires avant d'avoir donné ses soins. Voici comment : quand il entre dans la chambre du malade, il est d'habitude que les honoraires soient placés sur la cheminée, sur la table de nuit, enfin d'une façon visible pour le praticien. Si l'argent n'*apparaît* pas, le médecin ne retire pas son chapeau; il attend. Il attend jusqu'à ce que les honoraires soient *visibles*, alors seulement il s'occupe du malade. Certains médecins anglais observent cette règle… déontologique? jusqu'à tourner sur leurs talons, sans même retirer leur chapeau, si les honoraires ne sont pas *étalés à la vue*. Le praticien empoche la somme convenue par l'habitude avant d'avoir retiré ses gants.

En Chine, le médecin n'est payé que si son client se porte bien; dès que le client *abonné* est malade, il retient ses honoraires au médecin pendant tout le temps de la maladie.

En Annam, le médecin est payé en *canards tapés*, en fruits, en mesures de riz, en eau-de-vie, etc., etc.

Me sera-t-il permis d'ajouter qu'il a existé à Paris, dans le faubourg Saint-Antoine, un médecin qui donnait ses consultations dans un *estaminet*; chaque client du marchand de vin devait *consommer*, avant de prendre une consultation dans l'arrière-boutique. Il y avait entente entre le médecin et le marchand de vin. Une ardoise, appendue à l'entrée du *cabinet de consultation*, servait à marquer les consommations prises par les consultants. De Goncourt a noté ce fait dans *Sœur Philomène; il est exact!*

Il existe encore à Paris un médecin, qui s'est fait concierge dans un grand quartier.

Très confortablement logé, il cumule les deux fonctions : tire le cordon la nuit et le jour est à disposition des locataires comme médecin. *Invraisemblable, mais vrai!!!*

J'ai connu aux environs de Paris un médecin, qui cumulait la profession médicale avec l'exercice de la pharmacie. Quand les clients étaient en peine de lui solder ses honoraires, il procédait de la façon suivante. Son domestique passait chez les clients récalcitrants et était chargé de faire main basse sur les poules, les œufs, le beurre et même le *foin et l'avoine* (sic) : « Tu ne peux pas me payer? Eh bien, tu vas bientôt faucher ton foin là-bas… *je retiens la coupe!* »

Et le médecin en question était très populaire et très estimé. Il exerce encore dans la banlieue parisienne, après avoir acquis des rentes dans le pays où il procédait ainsi que je viens de l'exposer.

Je crois que ces façons de toucher ses honoraires dans notre profession sont exceptionnelles – c'est pourquoi je tiens à les noter.

A notre décharge, je relèverai pourtant ce fait d'un confrère qui, allant faire une visite, prêta sa montre, pour que la mère d'un petit malade put compter les pulsations de son fils. Le confrère ne fut pas payé de ses visites et ne revit jamais son chronomètre. Il venait de s'installer dans une localité des environs de Paris, surtout fréquentée, en été, par des demi-mondaines, des acteurs et… des messieurs qu'on désigne de différents noms; que je ne veux pas employer dans cette revue.

La Chronique Médicale, 1899.

Par les fortes chaleurs, les habitants du quartier de la Bastille préfèrent dormir à la belle étoile.

Les quartiers difficiles

Avant la guerre de 14, il y avait trop de médecins à Paris.
Pour vivre, les praticiens étaient obligés de faire pas mal
de concessions et de dépenser des trésors de psychologie.
Tableau de la vie médicale dans certains
quartiers de la capitale.

L'EXERCICE de la médecine de quartier à Paris devient chaque jour plus rigoureuse et plus difficile; on ne soupçonne pas à quelles humiliations le praticien qui s'installe dans une rue de la capitale est exposé; on ignore toutes les insolences et tous les abus qu'il est obligé de subir pour gagner sa vie. S'il ne veut point mourir de faim, il ne lui suffit pas de connaître son métier et de l'exercer avec zèle. Il existe pour lui des facteurs de succès plus importants et plus efficaces qu'un savoir étendu et une activité infatigable. Il ne doit pas les négliger, sous peine d'attendre dans son cabinet désert une clientèle à jamais invisible.

Il est deux catégories de gens que le médecin de quartier à Paris est tenu de ménager avec un soin attentif et intéressé : ce sont les concierges et les pharmaciens.

Les concierges, en effet, sont des personnages influents; ils ont des rapports fréquents avec les locataires de leur maison; ils connaissent la plupart des commerçants de la rue et de ce fait sont pour le docteur qui réussit à capter leurs bonnes grâces de précieux agents de publicité. Il leur est aisé de le recommander à qui veut les entendre, de vanter son savoir et son dévouement et, de lui procurer de nouveaux clients.

C'est pourquoi le médecin de quartier ne doit pas manquer de les ménager. Quand il est appelé auprès d'un concierge, il est dans l'obligation de se déranger immédiatement et de ne réclamer aucune rémunération. S'il agissait autrement, il commettrait une maladresse impardonnable. Je sais un médecin qu'une femme vint chercher un jour pour son mari qui était souffrant. Comme il faisait mine de ne pas se rendre sur-le-champ auprès du malade, elle s'écria d'un ton comminatoire et persuasif qu'elle était concierge; l'autre n'hésita plus; il céda à son désir et naturellement ne demanda aucune rétribution.

S'il est bon que le médecin s'attire les sympathies des concierges de son quartier, il faut surtout qu'il fasse une cour assidue au concierge de sa maison et qu'il le vénère à l'instar d'une divinité, car non seulement celui-ci peut lui adresser de nouveaux clients, mais encore lui faire perdre ceux qui viennent spontanément. Posté devant sa loge, il lui est loisible de les arrêter au passage, d'entrer en conversation avec eux et de dénigrer haineusement son locataire.

L'amitié des pharmaciens est aussi pour le praticien de la capitale un bienfait sur lequel on ne saurait trop insister. Tous ses efforts doivent tendre à entretenir avec les apothicaires du quartier des relations étroites et suivies. Lorsqu'il débute, il est de son devoir et de son intérêt de rendre visite à tous les pharmaciens qui se trouvent dans son rayon d'action. Lorsqu'ils lui envoient un client, il faut qu'il rédige une ordonnance

SPLENDEUR ET MISERE DES PRATICIENS

Famille nombreuse vivant dans une cabane, dans la zone, près de la porte de Clignancourt.

dans leur goût. Malheur à lui s'il demeure fermé à cette notion de bonne confraternité. En voulez-vous un exemple?

Mon ami le Dr X… reçoit une fois la visite d'un monsieur et de son fils qui souffrait d'une affection oculaire. L'un et l'autre lui sont gracieusement adressés par le pharmacien d'à côté. Le Dr X… examine le malade et, son diagnostic établi, lui prescrit la pommade de B… Le père et le fils, une fois sortis de chez lui, se rendent chez le pharmacien pour faire exécuter l'ordonnance médicale. Un quart d'heure après, celui-ci arrive chez le Dr X… en coup de vent et le chapitre vivement pour avoir prescrit une spécialité qui ne lui rapporte que 4 à 5 sous, au lieu d'une pommade qui lui eût rapporté davantage. Le Dr X… s'en excuse et donne les raisons pour lesquelles il s'est vu obligé d'agir de la sorte.

« Vous aviez un moyen bien simple, lui réplique son interlocuteur, de concilier l'intérêt du malade et le mien. Il fallait marquer sur votre ordonnance de la pommade de B…, puisque le devoir professionnel vous le commandait; ensuite, pour me permettre de gagner une somme plus importante, il vous était facile de prescrire une pommade quelconque dont le malade se serait frictionné les tempes. »

Mais c'est surtout en soignant les accidents du travail que le médecin de quartier connaît les plus grands ennuis de sa profession. Pour attirer les ouvriers blessés, certains médecins donnent une somme plus ou moins considérable. Ceux qui n'agissent pas ainsi voient les ouvriers blessés se rendre dans les cliniques des accidents du travail où ils sont assurés de toucher une prime qui varie de 5 à 10 francs pour la première visite et qui est de 0,50 F pour les visites suivantes. Aussi les cliniques sont-elles pour le médecin de quartier une concurrence redoutable et lui enlèvent-elles une grande quantité d'accidentés. Elles ne se contentent pas de faire de la réclame par des imprimés, mais encore elles postent des racoleurs aux abords de la maison du praticien. Lorsqu'un ouvrier

blessé se rend chez ce dernier, le racoleur l'arrête au passage, lui représente qu'il va consulter un docteur qui ne donne pas la prime et qui est payé par les compagnies pour invoquer une incapacité de travail d'aussi faible durée que possible. Par ces arguments il détermine le plus souvent l'accidenté à rebrousser chemin et l'emmène à la clinique pour le compte de laquelle il recrute des clients.

Quand un ouvrier blessé vient trouver un docteur, il ne lui mâche pas les mots; il lui demande ouvertement s'il donne la prime et si oui, à combien elle se monte. Et si le médecin répond négativement, le malade lui tourne le dos et va ailleurs.

La plupart du temps, ce n'est pas le médecin de clinique qui fixe la durée de l'incapacité du travail : c'est le blessé lui-même. Pour une plaie sans gravité, qui sera cicatrisée au bout de trois jours, pour une contusion légère et sans importance, l'ouvrier demande souvent à se reposer durant deux semaines. Que le praticien s'y refuse et il perd immédiatement son client.

L'accidenté n'hésite pas d'ailleurs, quelquefois, pour paresser plus longtemps à aggraver son mal.

Les uns irritent leur plaie avec de la teinture d'iode ou d'autres produits vésicants ou par des grattages énergiques et répétés. Certains, pour provoquer de l'œdème, ligaturent fortement leur membre blessé. Un client avoue qu'il se serrait fortement le bras à l'aide d'une corde, puis le frappait avec une cuiller de plomb (*sic*).

Il arrive parfois que le médecin ait à subir l'insolence méprisante des ouvriers, surtout lorsqu'ils viennent le consulter en état d'ivresse, quelques-uns alors le tutoient, le traitent de bourgeois, de capitaliste. S'il leur offre une prime insuffisante, ils n'hésitent pas à l'insulter : un malade disait à un de mes confrères, qui lui offrait 1,50 F pour payer son hôtel « T'as pas honte de m'offrir si peu, toi qui a un appartement et une bonne, alors que moi, je crève de faim et je couche sur la dure. »

Mais ce n'est pas tout. Les accidents du travail leur réservent encore d'autres ennuis. Après qu'il a échappé aux ouvriers, le praticien tombe sous la griffe des Compagnies d'assurances.

L'histoire suivante est un exemple caractéristique de l'audace ridicule, exaspérante de certains gratte-papier.

Un jour, le docteur X... se rend dans une Compagnie d'assurances; il vient réclamer son dû pour des soins qu'il a donnés à un ouvrier atteint d'une contusion des côtes. L'employé auquel il s'adresse examine la note d'un œil soupçonneux et passe méticuleusement en revue les visites et les traitements qui y sont mentionnés. Lorsqu'il a éclairé sa religion d'une façon suffisante, il regarde sévèrement le médecin et le blâme d'une voix rêche d'avoir posé au blessé des ventouses ordinaires pour augmenter le prix du traitement :

« Vous savez bien, ajoute-t-il avec une belle assurance, que dans une contusion de côtes, les ventouses ne sont indiquées que si l'accidenté présente une ecchymose; or, celui qui nous occupe n'en avait point. » Et, d'un gros trait rouge il raye sur la note le prix de cette opération inutile.

Lorsque le médecin ne cède pas et persiste à exiger intégralement les honoraires qui lui sont dus, il n'a plus qu'à intenter un procès à la Compagnie si elle-même s'entête de son côté. Mais quelle source de désagréments pour lui et combien il est peu sûr, malgré son bon droit, d'obtenir gain de cause.

Archives d'Anthropologie
Criminelle, 1914.

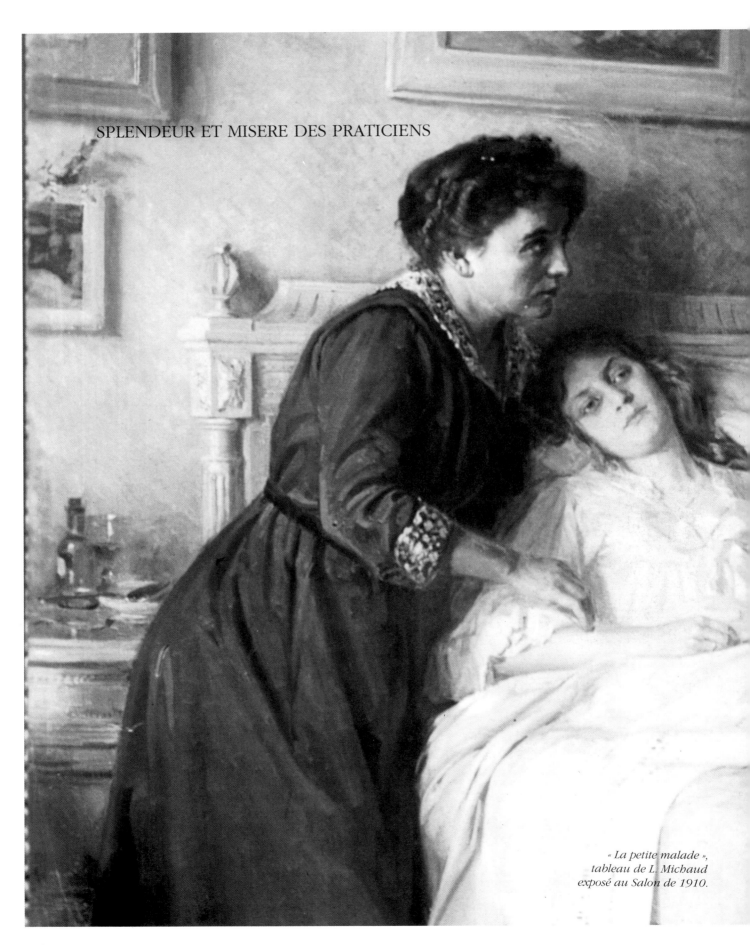

SPLENDEUR ET MISERE DES PRATICIENS

« La petite malade »,
tableau de L. Michaud
exposé au Salon de 1910.

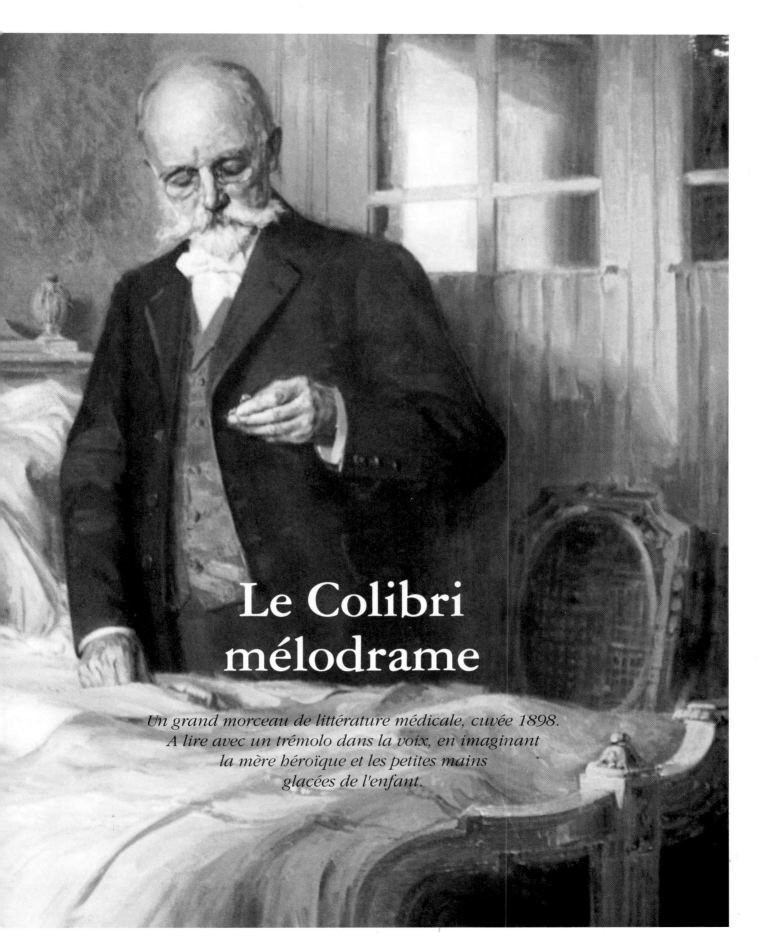

Le Colibri
mélodrame

*Un grand morceau de littérature médicale, cuvée 1898.
A lire avec un trémolo dans la voix, en imaginant
la mère héroïque et les petites mains
glacées de l'enfant.*

C'EST DANS UNE de ces courses à travers Montmartre que je connus le *Colibri*. J'ai perdu son autre nom après trente années. Mais je retrouve, d'une vision très intense, un enfant de quatre ans, tout rose, dans un ébouriffement de cheveux fins et pâles, où tous les souffles de l'air mettaient des farandoles. Deux grands yeux bruns éclairaient d'une flamme étonnée la transparence nacrée d'une petite face mutine toute en rires. Tendre et délicate merveille, devant laquelle s'affolaient les parents. De son esprit, de ses ruses, de ses réponses, c'était à qui des deux conterait cent histoires.

Une attaque de faux croup m'amena le père chez moi, une nuit de janvier. Je vis un homme décomposé, hagard, qui, pour tout propos, me dit : « Vous me reconnaissez bien : nous nous sommes rencontrés l'an dernier *dans la politique*. Mon petit va mourir, dépêchez-vous. » Je ne le reconnaissais pas du tout, mais qu'importe! De folles objurgations au cocher précipitèrent une course échevelée dans la nuit noire, et bientôt je pus dire la parole attendue. Ce fut une réaction de délire. Homme, femme, encore tout convulsés de l'affreuse étreinte de mort, incohérents, gesticulaient, pleuraient, riaient à l'idée de la vie subitement reconquise. En moins de temps qu'il n'en faut pour l'écrire je devins subitement pour eux le vieil ami de vingt ans. J'eus beau protester : rien n'y fit, et je fus sacré dieu.

Je revins le lendemain, et plus tard je reçus de nombreuses visites à mon tour. C'était la plus belle et la plus heureuse famille. L'homme était comptable chez un entrepreneur, la femme vaquait au ménage. Ils vivaient dans l'aisance, parlant fièrement de leurs économies et d'un petit bien qu'ils avaient au pays. Ils étaient jeunes et ils s'aimaient : c'était tout leur secret.

Au square où jouait l'enfant, dans la petite chambre d'une propreté coquette, que de fêtes entre la jeune maman blanche et blonde – grande sœur – et le petit *Colibri* répondant par des cris aigus et des battements d'ailes aux grognements du méchant loup qui, sous prétexte de le mordre, le couvrait de baisers! Le grand jeu, c'était la chanson du colibri. Il s'agissait du petit oiseau qui veut trop tôt quitter son nid malgré les avis de ses parents, et qu'une déplorable culbute punit de son imprudence.

Je n'ai retenu que le refrain :

C'est le petit colibri
Qui voudrait quitter sa mère,
C'est le petit colibri
Qui s'envole de son nid.
Oui,
Le colibri!

Pour n'être point lamartinienne, cette poésie n'en avait pas moins un merveilleux effet de gaieté sur l'heureuse famille. Le soir, quand l'enfant dévêtu se livrait aux bruyants ébats qui souvent, à cet âge, précèdent la brusque tombée du sommeil, la chanson du colibri donnait prétexte à mille inventions de poursuites et de batailles se terminant en *chatouilles*, en caresses, en embrassements fondus. Au refrain suspendu sur le mot *oui*, le doigt maternel s'avançait menaçant vers la petite gorge tressaillante, et c'était une tempête de mains qui se débattent dans les rires et dans les cris. Il n'en faut pas davantage pour faire trois heureux. Que n'arrêtons-nous le temps au passage?

Un jour je vis arriver la maman sérieuse. Elle n'était pas inquiète. Mais le *Colibri* n'avait pas ri depuis deux jours. Il n'avait pas voulu quitter le lit ce matin-là. Il se plaignait vaguement. Ce ne serait rien puisque j'étais là.

DR CLÉMENCEAU

Hélas! je n'eus pas plutôt touché le petit ventre endolori que j'eus la révélation de l'horreur. je dis ce seul mot : « *Je vais revenir* », et je courus chez un de mes maîtres, grand cœur que ni la haute science ni la riche clientèle n'ont jamais pu distraire de ses devoirs de bonté. Le diagnostic fut tel que je l'avais prévu. Le pronostic : la mort... « *à moins d'un miracle* », dit l'homme qui, faisant tous les jours des *miracles*, savait ce qu'il en faut penser.

Trois jours durant, face blême et rigide, sans geste, sans voix, sans larmes, deux automates, penchés sur l'enfant, regardèrent la vie lentement disparaître. Parfois l'un d'eux prenait ma main, disant : « Puisque vous l'avez sauvé, ce n'est pas pour nous le tuer maintenant. Il y a sûrement quelque chose à faire. Quoi? » Et le silence lourdement retombait, coupé de l'effort haletant de la petite vie mourante.

Et voilà qu'au seuil de l'éternel sommeil, l'enfant terrassé, mais lucide, fut étrangement pris du désir de se coucher dans la tombe au rythme ami du chant qui le mettait au berceau. Une dernière lueur passa dans les yeux glauques, et les lèvres blanches distinctement murmurèrent : « Le colibri ».

Sursautant, convulsés, les misérables parents, heurtant des regards fous, subitement comprirent. Le petit réclamait sa chanson. Déjà il avait attendu. Le geste fébrile faisait signe qu'il fallait se hâter : « *Le colibri, je veux le colibri* », dit un dernier souffle de voix, et la petite main saccadée impérieusement commandait : « Chantez donc, vous qui ne mourez pas encore. »

Le père s'abattit comme une masse, se tordant sur le plancher. La femme alors, dans un roidissement suprême, la face blafarde, labourée de trous noirs, les yeux poignardant le vide, se leva pour l'action sublime que désertait la lâcheté virile. La mère héroïque chanta. Elle chanta *le colibri qui s'envole*, rauque, étranglée, tenant dans ses deux mains les petites mains glacées :

C'est le peti Colibri
Qui voudrait quitter sa mère,
C'est le petit Colibri
Qui s'envole de son nid.

La Chronique Médicale, 1898.

Un dermato poète

*Il y a une médecine poétique faite pour réjouir l'âme.
Sans doute par malice, ou par nostalgie de sa jeunesse
de carabin, le docteur Barot a choisi pour thème
les dartres. Quelques échantillons.*

Dartre farineuse

LA DARTRE farineuse est point à redouter,
Bien facile à guérir, très facile à traiter.
Fort souvent lotion de chlorure de soude
Doit bien être employée, et ceci vaut la douche.
Frictionner souvent ce petit mal gênant :
Pommade oxygénée est remède constant.
Par ce bon procédé, d'un emploi très facile,
Ce beau mal disparaît, reste ensuite docile;
Même on peut employer le bain entier chaud,
Tisane de pensée, et rien fera défaut;
De légers purgatifs seront mis en usage,
Suivant les divers cas, même avec avantage.

Dartre crustacée

La dartre crustacée existe au nez, au front,
A la joue, au col même, et souvent sur le tronc;
On la voit isolée, ou bien en larges plaques,
S'étendant sur le corps, lui donnant ses attaques :
Boutons bien variés, réunis en faisceau,
Forment ce mal hideux qui se voit sur la peau,
Et dépendant toujours d'inflammation vive;
Du tissu cutané c'est cause corrosive.
On doit avoir recours, en cette affection,
A l'eau chaude de mauve, en bains et lotions;
Mettre cérat soufré, la croûte étant tombée,

Sur ce mal découvert, c'est bien cure assurée;
Et bains chauds, sulfureux, la guérison hâtant,
Donnent vite santé pour malade souffrant.
La même affection se guérit bien encore
Par le baume Callmann, remède qu'il décore :
Dépuratif du sang, par lui bien dénommé,
Pour sa propagation ce nom lui fut donné.

Dartre militaire

La dartre militaire offre bien des papules,
Petits boutons nombreux, réunis en globules,
Sécrétant sérosité, donnant force prurit,
Faisant croûte en séchant, dérangeant l'appétit;
Se développe au tronc, au col même, au visage,
Donnent fièvre souvent, et faisant bien ravage.
Tisane de pensée est dans le traitement;
Régime toujours doux sera très humectant,
Et bains entiers chauds seront de bon augure;
De la dartre qui suit exige même cure.
Mentagre, ou dartre du menton
(*variété de la dartre pustuleuse*)
Gros boutons sur la peau, survenus au menton,
Font la dartre *mentagre*, ayant reçu ce nom,
Phlogose, mal du derme, à boutons bien
                                    [rougeâtres,]
Toujours bien réunis, étant parfois jaunâtres.
Ce mal, peu sérieux, donne bien grand prurit,

Souvent vive douleur, bien qu'il soit circonscrit;
Boutons furonculeux, recouverts par la barbe,
Au sommet suppurant; on la coupe, on l'ébarbe
Avec ciseaux très fins, et non avec rasoir
Au matin, eau de son, cérat soufré le soir,
Seront utilisés sur la peau malade,
Et l'une en lotion, l'autre en bonne pommade;
Bain chaud sera donné, toujours bien important,
Pour dissiper le mal : tout est là rassurant.
Si de l'affection vous n'en voyez l'issue,
Eau mauve en lotion sera pas imprévue;
Cataplasme de lin sur le mal douloureux,

Croûte étant enlevée, est bien avantageux;
Cautériser le mal, plaie assez découverte,
Avec nitrate d'argent, c'est guérison offerte :
Nombre de grands succès, par ce bon procédé,
Ont couronné mon art et l'ont consolidé.

Dr M. BAROT PERE
La médecine poétique
Imprimerie Dupré,
Orléans, 1879.

Joutes littéraires entre médecins

*Le docteur E. Guibout, ancien interne à l'hôpital Necker relève
amicalement le défi du docteur Legrand sur le terrain
du récit de voyage. Point de vue d'un praticien
sur la Bretagne bretonnante.*

La Bretagne

A Monsieur le docteur Maximin Legrand

J'AVAIS résolu, mon cher confrère, de laisser dormir au fond de mes cartons mes notes de voyage de cette année, et déjà je commençais à les oublier, lorsque m'est apparu, dans l'Union Médicale, l'intéressant récit de votre excursion en Lorraine, en tête duquel vous m'avez fait la gracieuse surprise et l'honneur d'inscrire mon nom. Ce fut pour moi comme un coup d'éperon, ou comme le bruit soudain et strident d'un réveille-matin; je me sentis secoué de ma torpeur. Vous me provoquez sur le terrain des souvenirs de voyage; je dois vous répondre, et me voici présent à votre aimable et courtois appel. Vous m'avez conduit en Lorraine, moi je vous emmène en Bretagne; mais, je vous en préviens, nous irons vite. Vous aimez, vous, le cours lent et sinueux du paisible ruisseau; moi, je préfère le torrent qui bondit et qui roule avec fracas ses ondes impétueuses. Par tempérament et par éducation j'aime les courses rapides. Ma jeunesse médicale a été nourrie, à l'hôpital Necker, par les évacuants répétés de mon vieux maître le père de Larroque, et ensuite fortifiée par les saignées coup sur coup du professeur de la Charité. Après un régime aussi tonique, étonnez-vous donc que ma vigueur exubé-

rante recherche les allures les plus vives, et que je sois devenu l'homme des trains express! Cela posé, partons.

La Bretagne, ce sont, tout le long des routes et des chemins, de très grandes croix de bois, peintes et ornementées, ou d'humbles petites croix de pierre des calvaires, des statues de saints; ce sont, tantôt de gros villages groupés autour de vastes églises, aux flèches élancées; la population, comme à Locmariaker et à Carnac, y est aisée, avenante, et, dans des hôtels bien tenus, on vous offre un cidre mousseux, que je serais heureux, mon cher confrère, de voir pétiller dans votre verre. Tantôt, au contraire, ce ne sont que de pauvres et misérables chaumières, dont les habitants en haillons vivent, mangent, et dorment, côte à côte et en commun, avec leurs animaux.

Poules, chiens, ânes, vaches, cochons, hommes, femmes, enfants, toute la famille est réunie, habite ensemble, vit de la même vie, grouille et pullule dans le même gîte, et sur la même paille, tout le monde y est chez soi, et à son aise; personne ne se gêne; liberté absolue; chacun parle son langage, crie, chante, brait, grogne, aboie; chacun, à son gré, va, vient, entre, sort, mange, se couche, dort, prend ses ébats, suivant son habitude, son caprice, son plaisir, ou son besoin. C'est bien là le triomphe de la *liberté*, de l'*égalité*, de la *fraternité*.

Ce jour-là, à Plougastel, 26 mariages ont été célébrés à la chaîne.

Au-delà de Quimper, c'est la Bretagne bretonnante : dans les villages, plus un mot de français; personne ne vous comprend, et vous ne comprenez personne; la plus petite question, le plus simple renseignement restent invariablement sans réponse. Notre bonne chance nous fit traverser le gros bourg de Pontcroix, précisément le jour d'une foire, à laquelle les paysans se rendent en foule, de huit à dix lieues à la ronde. Quelle curieuse et pittoresque exhibition de costumes, de coiffures, de longs cheveux flottants, de types et de physionomies! Quelle cacophonie! quel vacarme! Un langage inintelligible, et des cris assourdissants d'une mendiante. Le pays est montueux, à peine cultivé, nu, désolé et désolant à voir : pas un arbre; de loin en loin quelques pauvres cabanes, sordides habitations d'une population qui serait belle, si elle était plus propre et moins en guenilles; des femmes, à genoux sur du fumier, pétrissent dans leurs mains des galettes composées de paille pourrie et de bouse de vache, qu'elles disposent ensuite en petites pyramides, pour les faire sécher et durcir au soleil; c'est le chauffage de l'hiver. Quelques rares et maigres bestiaux broutent sur le bords des chemins une herbe poussiéreuse. Enfin un sémaphore nous avertit que la mer n'est pas loin;

incroyable cohue d'animaux de toute espèce : cochons de tous les âges et de toutes les grosseurs : moutons; vaches d'une race à part et lilliputienne; petits chevaux vifs, ardents, infatigables, faisant, comme le nôtre, ce jour-là, douze bonnes lieues sans débrider. Quels rustiques attelages! des bœufs avec des colliers de paille, et des voitures d'une simplicité digne des temps les plus primitifs! Et, dans l'église, bien que ce ne fût ni un dimanche ni un jour férié, et qu'il n'y eût pas d'office, quel recueillement d'hommes et de femmes pieusement agenouillés!

A partir d'Audiern, la Bretagne n'est plus seulement bretonnante, elle devient encore

il faut mettre pied à terre, voici la Pointe-du-Raz.

Nous sommes arrivés, mon cher confrère, à l'extrême limite du Finistère, et aussi de notre voyage; il faut regagner au plus vite Paris, où j'espère avoir le plaisir de vous rencontrer et de vous serrer cordialement la main.

Dr E. Guibout
Les vacances d'un médecin
G. Manon, 1880

Le médecin
de campagne

*Article anonyme (signé Dr Nemo) écrit pour se défouler
par le praticien d'une petite bourgade, écœuré,
déprimé par l'avarice et la méchanceté
de sa clientèle.*

CONNAISSEZ-VOUS Potinville? C'est une petite bourgade de 1 000 habitants, dont 1/3 de miséreux, le reste embrigadé dans une société de Secours mutuels à tarif réduit, et, pour cet embryon de clientèle, il y a trois médecins, jeunes, pleins d'activité, s'escrimant à qui mieux mieux, s'essoufflant, battant l'estrade, pour attirer ou retenir un public rare, qui va de l'un à l'autre en gouaillant et, naturellement, sans payer.

A quoi bon se gêner? N'est-on pas sûr de trouver, à toute réquisition, le médecin n°1, 2 ou 3, toujours empressé, le dos arrondi, la bouche en cœur, le chapeau balayant le seuil, se précipiter au premier coup de sonnette, abandonnant en hâte dîner, sommeil, famille, repos, et avec des exclamations : « Oh! mon Dieu! le pauvre amour, le cher petit ange! » ou bien : « Ah! vraiment! Cette bonne Madame Bribiche!… Depuis trois jours, dites-vous. Allons! dépêchons vite, je cours avec vous… »

De retour à la maison, devant le dîner refroidi, le médecin se rattrape et passe sa mauvaise humeur : « C'est l'affreux gosse à Balochard qui a de l'eczéma dans le nez où il a toujours les doigts fourrés… C'est cette vieille bête de Bribiche qui, depuis trois jours avale l'urine de son mari, parce qu'elle a dans le ventre un crapaud, qu'elle ne peut pas faire déguerpir… »

Mais à peine a-t-il fait cette sortie qu'il s'arrête et pâlit devant les chutt! et les signes de désolation de son entourage. Il a oublié que la domestique peut trahir, que la lingère, Mlle Mijaurée, est dans la pièce à côté, que la laitière est peut-être encore à la cuisine. Ah! mon Dieu! si par hasard elles avaient entendu!… quelle catastrophe!… Sûrement cela se saura d'un bout à l'autre du village!…

Que va-t-il advenir? D'autant plus que Mme Plumasseau, la modiste, est déjà furieuse parce que Madame s'est fait confectionner un chapeau par sa concurrente, Mlle Lahupette. Et puis, on a oublié de complimenter la tailleuse qui a raté le vêtement de la belle-mère du médecin – et enfin, pour comble! le médecin lui-même n'a-t-il pas osé faire observer, humblement, c'est vrai, à son cordonnier, Brisecuir, le terrible Brisecuir! que les escarpins qu'il lui avait fabriqués lui faisaient mal. Et depuis avant-hier, Brisecuir, les yeux exorbités, ne décolère pas : « Ce sacré avorton!… ce charlatan de malheur!… Faut pas qu'il la fasse à la pose, ce médecin de quat'sous, qui n'est pas seulement capable de guérir ses cors aux pieds!… »

Et c'est ainsi chaque jour, et malgré les rebuffades, malgré les haussements d'épaules, les rires ironiques, les réceptions glacées et les propos malveillants qui se chuchotent autour de lui, le médecin obséquieux, déambule, envoyant à droite et à gauche des coups

de chapeau, jusqu'à terre, prodiguant partout les sourires aimables, les paroles sucrées, les caresses fondantes…

On l'exploite et on se moque de lui. Il n'ose même plus sortir pour prendre l'air ou un peu de distraction depuis qu'il a vu le public scandalisé et indigné parce qu'il avait été aperçu pénétrant dans un café pour faire sa partie de manille, le jour même où il soi-

gnait le père Nicole pour une fluxion de poitrine, fluxion dont il mourait trois jours plus tard, le pauvre Nicole! « Pensez-donc!… Quel sans cœur, ce médecin! Et puis, aller au café! faut-il n'avoir rien à faire!… »

La clientèle, dont il est le plat valet, se sert de lui et le méprise. Que voulez-vous? Le public est simpliste; il s'imagine toujours qu'on lui en donne pour son argent; et com-

*A la campagne,
bien après la banalisation
de l'automobile,
on continue à se déplacer
en voiture à cheval.*

ses frais multiples, frais de cheval, de voiture, de loyer, ses dépenses professionnelles, tout cela sera payé avec les ressources de la dot de madame, si madame a été pourvue d'une dot.

Si la tentation vient, à la fin de l'année, d'envoyer une note d'honoraires, le médecin de Potinville la refoule bien loin, comme une mauvaise pensée. Songez donc! Si on allait mécontenter Grenicheux qui doit une note depuis 5 ans! Comme il irait vite conter sa mésaventure à son voisin, en l'agrémentant de propos tels que ceux-ci : « Eh bien! il en a du culot, le croquant! me réclamer de l'argent à moi! il doit bien savoir qu'il est assez payé pour ce qu'il a fait... Il me compte 10 visites, et je suis bien sûr qu'il n'est pas venu plus de 4 fois. Et pour ce que ça va servir! Si la mère Nitouche ne m'avait pas fait boire une tisane de *camomine* j'étais bien sûr de tourner l'arme à gauche avec les *portions* de c't'empoté... Ça vit de la sueur et des maladies du pauvre monde, et ça roule carrosse avec not'argent, sale métier et sales gens!... »

Et voilà la vie du médecin à Potinville. Nous sommes trois; qui veut faire le quatrième? Je ne pense pas que nous puissions trouver notre homme ailleurs qu'à Nouméa. Et encore... pas depuis l'aventure arrivée à Danval...

Votre bien dévoué.

Docteur Nemo.

Le Concours Médical
Juin 1907.

ment voulez-vous qu'il apprécie les services qu'on lui rend, si on les estime assez peu soi-même pour ne pas se les faire payer. Le public a-t-il vraiment tort?

Dans tous les cas le médecin de Potinville gagne tout juste à la fin de l'année, autant que le manœuvre du coin, un peu moins que le cantonnier ou le facteur auxquels il prodigue gratuitement ses soins. Quant à

Charcot
à la Salpêtrière

Alphonse Daudet, ami intime de Charcot assiste à une des fameuses leçons du maître à la Salpêtrière et en décrit le rituel. La grande époque de l'hypnotisme.

J'ETAIS EMU; bien plus encore à la malade suivante. Une enfant de quinze ans, très proprette, petite toque, jaquette en drap marron, figure ronde et naïve, le portrait du père, un petit fabricant de la rue Oberkampf, entré avec elle. Assis au milieu de la salle, timide, les yeux à terre, ils s'encouragent de regards furtifs. On interroge la malade. Quel navrement! Il faut tout dire, bien haut devant tant de messieurs, et où la tient le mal, la façon dont elle tombe et comment c'est arrivé. « A la mort de sa grand'mère, monsieur le docteur », dit le père – Est-ce qu'elle l'a vue morte? – Non, monsieur, elle ne l'a pas vue… » La voix de Charcot s'adoucit pour l'enfant : « Tu l'aimais donc bien, la grand'mère? » Elle fait signe « oui » d'un mouvement de sa petite toque, sans parler, le cou gonflé de sanglots. Le médecin allemand s'approche d'elle. Celui-là étudie les maladies du tympan spéciales aux hystériques, il a des lunettes d'or et, promenant un diapason sur le front de la fillette, ordonne avec autorité : « Rébétez abrès moi… timange… » Un silence. Le savant triomphe; elle n'a pas entendu. Je croirais plutôt qu'elle n'a pas compris. Longue dissertation du docteur allemand; l'Italien s'en mêle; le Russe dit un mot. Les deux victimes attendent sur leurs chaises, oubliées et gênées. Quand l'interne à qui j'ai fait part de mes doutes, dit tout bas à la petite Parisienne :

« Répétez après-moi… dimanche », elle ouvre de grands yeux et répète sans efforts : « Dimanche ». Daret, longue fille d'une trentaine d'années, la tête petite, les cheveux ondés, pâle, creuse, des tâches de grossesse, un reniflement chronique comme si elle venait de pleurer. Elle est chez elle, à la Salpêtrière, en camisole, un foulard au cou. « Endormez-la… », commande le professeur. L'interne, debout derrière la longue et mince créature, lui appuie les mains un instant sur les yeux… Un soupir, c'est fait. Elle dort, droite et rigide.

Le triste corps prend toutes les positions qu'on lui donne; le bras qu'on allonge demeure allongé, chaque muscle effleuré fait remuer l'un après l'autre tous les doigts de la main qui, elle, reste ouverte, immobile. C'est le manequin de l'atelier plus docile encore et plus souple. Et toujours l'Allemand promène son diapason, son spéculum auriculaire, sondant l'oreille d'une longue aiguille. « Il ne faut pas la fatiguer, dit le Maître, allez chercher Balmann. » Mais l'interne revient seul. Très vrai, Balmann n'a pas voulu venir, furieuse, de ce qu'on a appelé Daret avant elle. Entre ces deux cataleptiques, premiers sujets à la Salpêtrière, subsiste une jalousie d'étoiles, de vedettes; et parfois des disputes, des engueulades de lavoir, relevées de mots techniques, mettent tout le dortoir en folie. A défaut de Balmann,

« *Il avait au tournant de la soixantaine, un beau visage dur, semi-dantesque, semi-napoléonien, à peine empâté, les cheveux longs et lisses, découvrant des temporaux méditatifs…* » *C'est ainsi que Léon Daudet décrit Charcot.*

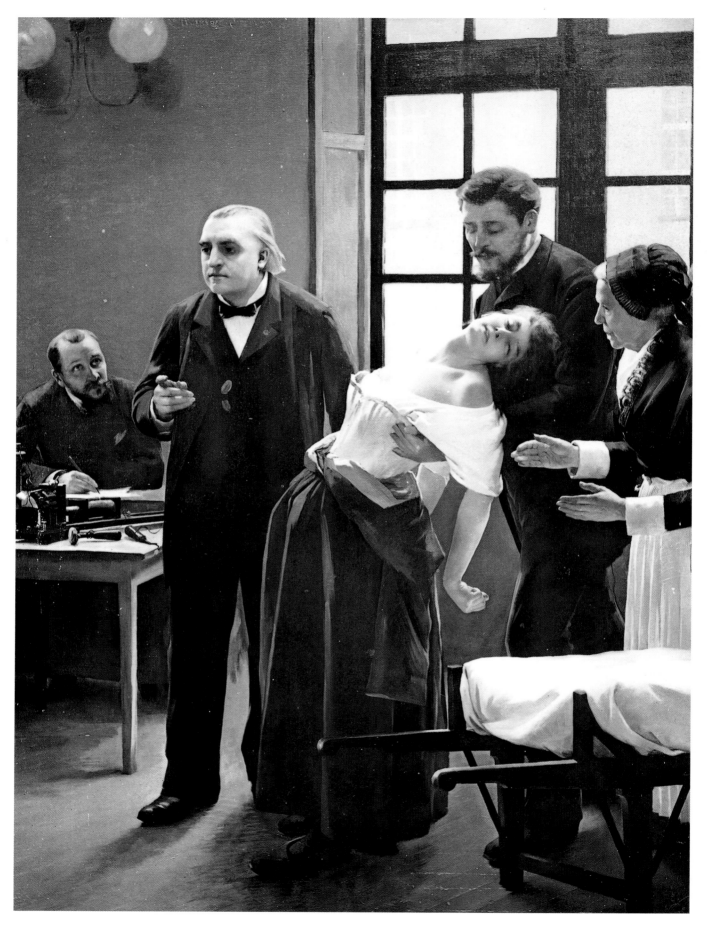

A l'hôpital, Charcot avait ses cataleptiques de service : Daret, Balmann ou Fifine, qu'il « endormait » pour ses expériences en public.

on amène Fifine, un trottin de boutique, en grand manteau, le teint rose, un petit nez en l'air, la bouche bougonne, des doigts de couturière, tatoués par l'aiguille. Elle entre en rechignant : elle est du parti de Balmann et se refuse à travailler. En vain l'interne essaye de l'endormir, elle pleure et résiste. « Ne la contrariez pas », dit Charcot, qui retourne à Daret, reposée, très fière de reprendre la séance en reniflant Mystère du sommeil cataleptique, entretenant autour de la malade une atmosphère légère, illusionnée de rêve vécu! On lui montre un oiseau imaginaire vers les rideaux de la croisée. Ses yeux fermés le perçoivent dans son aspect et ses mouvements ailés, son vague sourire murmure : « Oh! qu'il est joli! » Et, croyant le tenir, elle caresse et lisse sa main qui s'arrondit. Mais l'interne d'une voix terrible : « Daret, regarde à terre, là, devant toi, un rat... un serpent... » A travers ses lourdes paupières tombées, elle voit ce qu'on lui montre. Commence alors une mimique de terreur et d'horreur, comme jamais Rachel, jamais la Ristori ni Sarah n'en ont figuré de plus sublime; et classique, le vieux cliché humain de la peur, partout identique à lui-même, resserrant les bras, les jambes, l'être entier dans un recul d'effarement, pétrifiant cette mince face pâle où n'est plus vivante que la bouche pour un long soupir d'épouvante. Ah! de grâce, réveillez-la! On se contente de déplacer sa vivion, en lui montrant des fleurs sur le tapis et lui demandant de

nous faire un bouquet. Elle s'agenouille, et toujours dans cette atmosphère de cristal que briserait immédiatement l'ordre d'un interne ou du professeur. Elle noue délicatement ses doigts d'un fil supposé qu'elle casse entre ses dents. Pendant que nous observons cette pantomime inconsciente, quelque chose râle tout à coup, aboie d'une toux rauque dans le vestibule à côté. « Fifine qui a une attaque! » Nous courons. La pauvre enfant renversée sur les dalles froides, écume, se tord, les bras en croix, les reins en arc, tendue, contracturée presque en l'air. « Vite, des surveillantes! emportez-la, couchez-la... » Arrivent quatre fortes filles très saines, très nettes dans leurs grands tabliers blancs, une qui dit avec un accent ingénu de campagne : « Je sais comprimer, monsieur le docteur. » Et on presse, on comprime en emportant à travers les cours ce paquet de nerfs en folie, hurlant, roulant, la tête renversée, une possédée à l'exorcisme, comme sur ce vieux tableau de sainteté que je regarde dans le cabinet de Charcot et Darel que nous avons oubliée! La grande fille toujours endormie, continue imaginairement à cueillir des fleurs sur le tapis, à grouper, botteler ses petits bouquets...

On ne peut imaginer la célébrité de Charcot à l'époque où il professait. Le peintre André Brouillet peignit le maître entouré de ses élèves. La toile fut exposée au Salon de 1887 sous le titre : « Une leçon clinique sur l'hystérie à la Salpêtrière ».

La Chronique Médicale
1er janvier 1898.

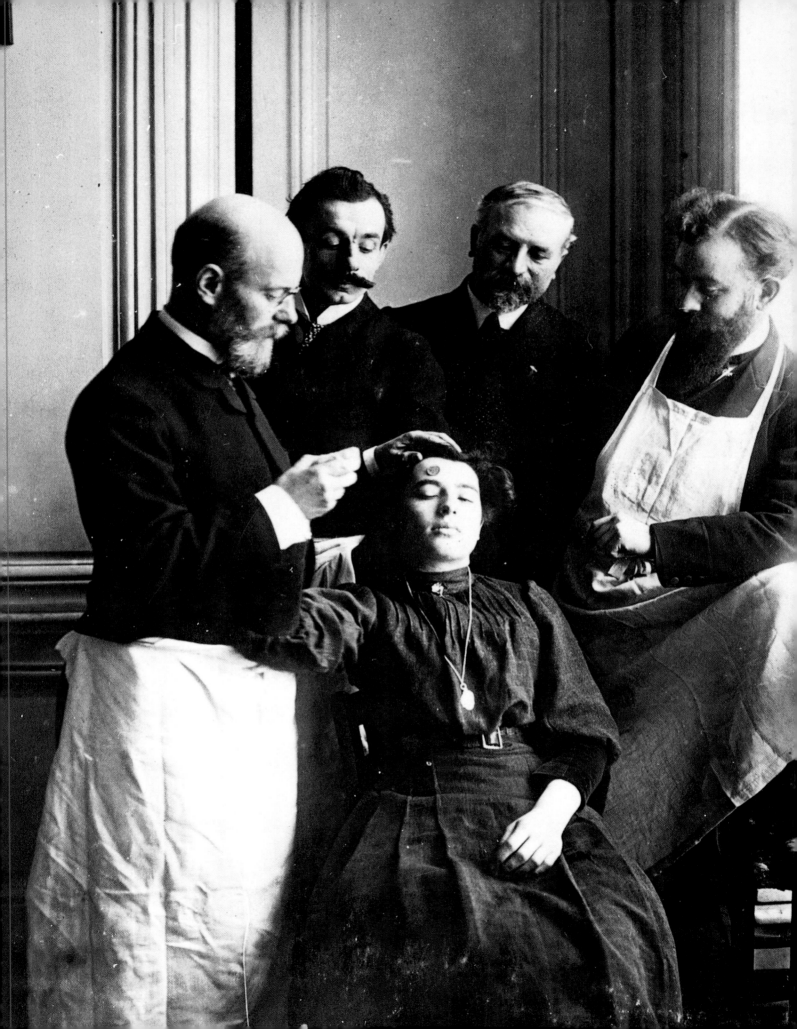

Hypnologie : on peut transférer la maladie sur un sujet sain

Parmi les nombreuses recherches faites par le groupe de la Salpêtrière, on relève cette expérience pour le moins singulière...

Tous ceux qui s'occupent d'hypnologie ont constaté que sur un sujet en état de léthargie hypnotique, si on prend un de ses bras par exemple, qu'on le mette dans une attitude donnée, et qu'en même temps, si on place à côté de lui un aimant – cette attitude accidentelle donnée à un membre au bout de quelques secondes se répète sur le membre du côté opposé; il y a comme on dit *transfert* chez le même sujet d'une attitude passagèrement communiquée d'un côté à l'autre.

Comme conséquence de ce principe on arrive à cette déduction remarquable que l'on peut faire une véritable transmutation d'états pathologiques d'un côté à l'autre. – C'est ainsi que chez un sujet hypnotique frappé de contracture, d'hémianesthésie, de paralysie flasque de tout un côté du corps, – on peut faire passer cette hémianesthésie, cette contracture, cette paralysie flasque du côté opposé; c'est un véritable *transfert* d'un état morbide que l'on opère ainsi à l'aide d'un aimant.

Ces curieux phénomènes qui ont été tout d'abord étudiés à la Salpêtrière, lors des études faites par la Commission de la Société de Biologie, pour juger les recherches métallothérapiques de Burcq, dont je faisais

partie, avec MM. Charcot et Dumontpallier, ont reçu dans ces derniers temps un développement des plus inattendus.

Le Dr Babinski, chef de clinique des maladies nerveuses à la Salpêtrière, a constaté en effet que non seulement on pouvait transmettre chez un sujet à l'aide d'un aimant les différents états de la sensibilité et de la motricité d'un côté à l'autre, – mais encore que ces mêmes états pouvaient être transférés *à un autre sujet* placé à côté du sujet hypnotique et relié au précédent, à l'aide de l'aimant. C'est ainsi, comme il le rapporte, que dans une première catégorie d'expériences pratiquées chez deux sujets hystéro-épileptiques hypnotisables, il a pu opérer le transfert de l'une à l'autre, d'une hémianesthésie dont une d'elles était atteinte; et qu'il en était ainsi pour certains accidents qu'il produisait chez l'une d'elles par suggestion, tels que des paralysies flasques et spasmodiques, des monoplégies brachiales et crurales, des coxalgies et jusqu'à du mutisme.

Dans une autre catégorie d'expériences, il a pu en agissant sur des sujets atteints de maladies chroniques du système nerveux, déplacer les symptômes objectifs de ces malades, et les faire passer chez un sujet hyp-

Vers la fin du siècle, l'hypnotisme suscite de grands espoirs, mais la certitude scientifique n'est pas toujours au rendez-vous. On remarque une petite pastille placée sur le front de la patiente.

SPLENDEUR ET MISERE DES PRATICIENS

Charcot et son chef de clinique, le docteur Babinski firent de nombreux émules.

notisable qui servait provisoirement de *récepteur* aux troubles nerveux dont le premier sujet avait été ainsi frappé.

Ces troubles nerveux d'emprunt ne font que traverser le sujet *transféreur* et disparaissent au gré de l'expérimentateur, à l'aide d'une suggestion.

L'observation que je vais citer est une démonstration très nette de ce que je viens de dire. – Il s'agit en effet d'une jeune fille de 18 ans, hystérique, qui a été amenée dans mon service, atteinte de paralysie croisée et ayant été pendant 14 mois soumise à tous les traitements de la médecine usuelle sans aucun résultat.

La malade ayant été mise en observation pendant quelques jours dans le service, je constatai l'exactitude des symptômes si complexes, décrits par M. le professeur Moret, hémiplégie croisée du bras droit avec hémiplégie de la jambe gauche, et troubles sensoriels concomitants à droite.

Elle marche avec difficulté comme une hémiplégique; son bras droit est flasque et pendant, complètement impotent.

Je ferai tout d'abord remarquer cette particularité, c'est que cette malade pendant son traitement n'a été soumise à aucune action hypnotisante spéciale. – Elle était restée complètement à l'état de veille, seulement le sujet *transféreur* était hypnotisé, et c'est le contact de ce sujet hypnotisé, avec elle, par l'intermédiaire de l'aimant, qui a produit les effets thérapeutiques si curieux que je vais exposer.

Le sujet *transféreur* employé est une jeune femme hystérique, Léontine, sujette à des attaques fréquentes, et qui se prête volontiers aux opérations de transfert, parce qu'elle remarque qu'à la suite des transferts le nombre de ses attaques ainsi que leur intensité se trouvent très notablement diminués. Voici donc la disposition que j'ai empoyée :

Le 12 novembre Marie est placée sur une chaise à côté de Léontine, et la main droite de celle-ci est placée sur la main droite paralysée de Marie. – Je mets Léontine en léthargie. Puis je présente au-dessus de leurs mains un gros aimant à cinq branches que je promène ensuite le long du bras jusqu'à l'épaule. – Cette opération dure environ deux minutes. Au bout de ce temps on remarque quelques mouvements fibrillaires dans les doigts, et quelques décharges dans la jambe gauche, laquelle cependant n'a pas été influencée par l'aimant.

En même temps que la malade se retire, je réveille Léontine suivant les procédés habituels; je la fais passer en catalepsie et en somnambulisme lucide; et à ce moment elle parle, et c'est pour se plaindre. – Elle gémit d'être atteinte de paralysie croisée du bras droit qui est flasque et de la jambe gauche, et de ne plus pouvoir marcher.

Le transfert de l'état nerveux du sujet malade au sujet sain est donc complet. – Je suggère à Léontine de se réveiller et au réveil de ne plus se ressentir de sa paralysie croisée. – Ceci est exécuté; une fois réveillée, tous les troubles accidentels ont disparu.

J. Luys
Du transfert thérapeutique dans le traitement des maladies nerveuses
Revue d'hypnologie, 1890.

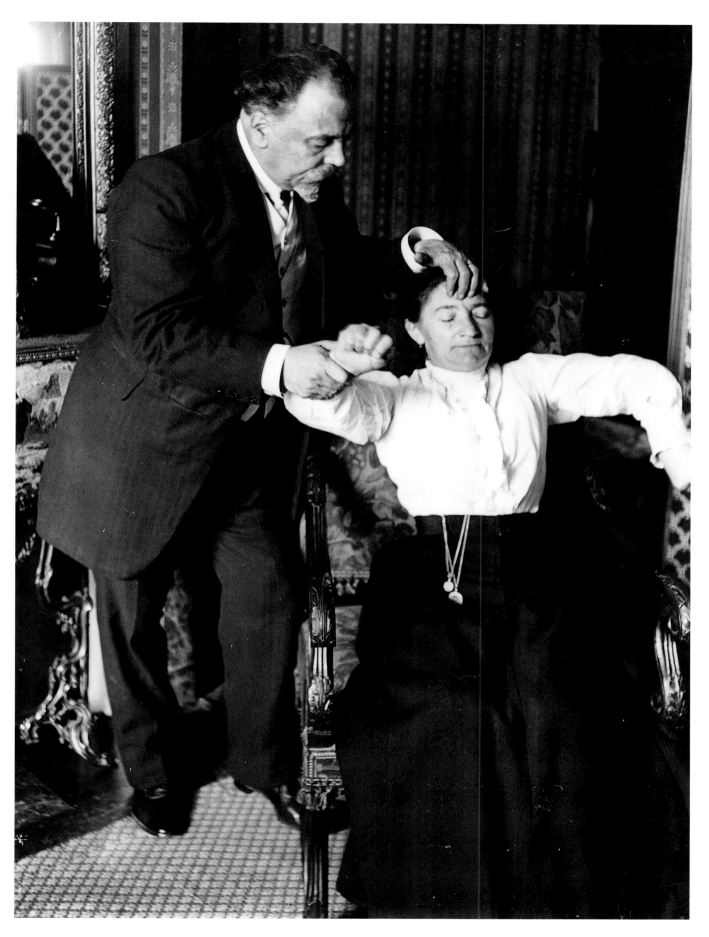

Le Congrès

*Le docteur Laccassagne, inventeur de la médecine légale,
raconte son congrès de Berlin en 1890. Avant l'ère
de la traduction simultanée, ces réunions étaient
pour les non polyglottes, l'occasion de piquer
quelques bons roupillons...*

Vous saviez par les jounaux que nous étions 7000 dont 1 500 dames et qu'il y avait 179 Français parmi lesquels on comptait 18 Lyonnais. On vous a dit que nous portions à la boutonnière comme signe distinctif un caducée doré, que nous étions répartis en 18 sections, éparpillés dans les locaux variés de l'Exposition permanente des Beaux-Arts. La section de médecine légale siégeait à "l'Osteria", une sorte d'auberge italienne, aux murs bizzarement peinturlurés et chargés de trompe-l'œil, une imitation réussie du "Chat Noir". On était à la brasserie qui n'en continuait pas moins son service pendant les séances, les clients ordinaires devenus un peu intimidés par les nouvelles fonctions de l'établissement. La bière était glacée, l'ombre fraîche, et pendant plusieurs heures, j'écoutais distraitement parler allemand. Je ne comprends pas un mot et, sauf le titre de la communication, qui m'étais obligemment traduit, les noms propres, et parfois bien rarement, une citation en français, tout le reste passait sur moi sans m'atteindre. L'auditoire de 50 à 70 membres était attentif, et j'ai remarqué, quand j'avais la parole, que presque tous comprenaient suffisamment le français pour saisir les grandes lignes de mes exposés. L'orateur allemand lit sans éclat, d'une façon monotone, regardant un point fixe dans l'espace et l'auditoire écoute en hochant parfois la tête. Quand la séance était finie, c'était le bon temps. On allait au restaurant, j'échangeais tant bien que mal quelques phrases avec des médecins légistes allemands pendant que nous attendions avec impatience les plats commandés au garçon. Notre section fonctionnait de 11 heures à 2 heures, on mangeait à des heures impossibles : le dîner vers 3 heures, le souper à 9 heures. Quel régime pour un dyspeptique! Mais dans ce pays, tout travail s'accompagne d'une absorbtion de liquides ou de solides. Il faut toujours être prêt à manger. On vous a bien dit que les Français avaient été particulièrement bien reçus, qu'on avait fait avec eux assaut de prévenance, d'amabilité. Je suis prêt à déclarer que tous les Allemands avec lesquels je suis entré en relations ont été fort aimables et je les en remercie bien sincèrement. Un d'eux, une très grave personne que je connais depuis une douzaine d'années m'a dit : "nous désirons vous montrer que nous ne sommes pas des barbares comme vous l'avez souvent répété". On nous l'a bien prouvé à la réception offerte par les notables de la ville dans les salons de l'Hôtel-de-Ville. C'était débordant de pantagruelisme et démocratiquement joyeux! Mais, pensez donc, plus de 4000 médecins ensemble et pas un malade! Je puis bien encore vous dire pour compléter ces souvenirs que rien n'était plus agréable, après une chaude journée que de retrouver le soir à la Taverne des Franciscains; les docteurs Gayet, Pamard (d'Avignon), Chantemesse, Widal, de bons et joyeux compagnons. La douce et agréable surprise de voir tout à coup un visage ami, bien, bien loin du quai Claude-Bernard ou de la place Bellecour! A Leipzig, au musée, nous trouvons Arloing et ses élèves, à Dresde, c'est Lépine qui nous apparaît, à Nuremberg, Fochier, Raymond Tripier, Bard, Gros et plusieurs étudiants se joignant à nous pour visiter la ville. Au prochain voyage que vous ferez en Allemagne cher ami lecteur, je vous souhaite de rencontrer autant de lyonnais. »

*Sommités chinoises
(vêtues à l'européenne)
lors d'une conférence
internationale de médecine,
à l'Albert Hall, à Londres.*

DR A. LACCASSAGNE
Souvenirs du Congrès de Berlin
Lyon, 1890

*Le VIIIᵉ congrès
de la Société
Internationale de Chirurgie
à Varsovie, en 1929.*

Compte-rendu moral du Congrès de Lille

Un mot aimable pour chacun des confrères.
Pas une critique (sauf en ce qui concerne
la nourriture du banquet final)…
Un document sur les relations
confraternelles en 1900

DES BRUITS « sinistres », – lisez tendancieux – couraient sur le futur Congrès. D'où partaient-ils? Nous aurions pu le savoir, et en avons haussé les épaules.

« Une pétaudière! » disait-on; le corps professoral (de Paris…) s'en désintéressait; les compétences manquaient; les questions d'enseignement seraient traitées par-dessous jambe; le « libre-choix » pour les assistés, les blessés du travail, les mutualistes allait diviser les praticiens. Quelle cacophonie! Et quels pugilats!

Or, le Congrès s'ouvrit le 25 juin, avec 1 471 adhésions, 196 syndicats et associations professionnelles régulièrement representées et tous ses rapports envoyés d'avance!

De ces rapports, que les adhérents au Congrès ont, sauf exceptions rares, reçus à temps pour les étudier, il en est de merveilleux, solides édifices étayés de documents sincères, incontestables, d'où se dégagent, lumineux et clairs, les principes de l'exercice médical tel qu'il doit être compris, si nous voulons qu'il vive, qu'il prospère, qu'il reconquière sa place.

C'est munis de ce bon « viatique » que nos congressistes, délégués et isolés, se sont mis en route, empressés, contents, arrivant à Lille chaque jour du Congrès, par toutes les voies et à toutes les heures. Pour se loger, pas trop de difficultés, les confrères lillois ayant pratiqué une large hospitalité : de ci, de là, néanmoins, un grincheux retardataire, fatigué du voyage, outré peut-être de n'être point reçu musique en tête… Mais, bast! il y en a toujours.

A l'heure dite, la Salle des Fêtes de la Société industrielle, grande comme celle d'un théâtre, se trouva pleine, et le Congrès s'ouvrit par une chaleur étouffante : la IIe Assemblée nationale des Praticiens de France avait, au dehors, son soleil d'Austerlitz!

Rapide se fit la nomination du Bureau : un fait est à retenir : Lille fut le Congrès des énergiques.

Et, certes, cette énergie se manifestera intensivement; on discutera ferme, on attaquera ferme, on se défendra ferme; mais pas un instant, durant ces quatre jours, ne s'élèvera une note discordante; pas un instant, une attaque vraiment personnelle ne sera faite.

Parfois une séance sare tumultueuse, qu'importe? Comme le dit notre confrère *Ausset*, « les praticiens, conscients de leur force, commencent à comprendre qu'avec leur force, ils feront prévaloir leurs droits. » De là, leur calme réel dans la discussion la plus mouvementée; jamais, – entendez-vous, jamais – vous ne verrez au Congrès de Lille, un exemple d'obstruction systématique, un tohu-bohu pareil à celui dont fut témoin le Congrès de Paris, à propos du « libre choix pour les blessés du travail. »

Energie, tolérance, esprit d'association,

SPLENDEUR ET MISERE DES PRATICIENS

aptitude au travail et à l'organisation sans devoir plus longtemps être pris en remorque, aisance remarquable dans l'exposition de l'idée, telles sont, à notre avis, les qualités morales et intellectuelles que révéla l'ensemble des Praticiens du Congrès de Lille.

Le samedi matin, 27 juin, s'ouvrirent enfin les débats sur le « Libre choix ».

D'abord le superbe rapport « Lemière » sur le « Libre choix pour les assistés ».

Ici, les passions allaient se faire jour; les petits intérêts, les petites jalousies, « l'invidia Medicorum » en un mot, allaient tout compromettre, amener la faillite morale du Congrès, démontrer aux Pouvoirs publics que s'il y avait de l'ensemble dans l'attaque du « Mandarinat », il y avait accord impossible et faiblesse flagrante dans la défense professionnelle.

Hélas! la « pétaudière » fut une assemblée de sages; des escarmouches, certes, il y en eut et de vives; mais juste assez pour donner aux attaques et aux répliques un intérêt puissant.

Après une déclaration des Drs *Acheray* et *Lagache* reconnaissant « la justice du principe de la liberté pour les assistés », survint l'incident *Le Fur*, ou de « l'Association Médicale Française ».

L'attaque du confrère *Lagache* était bien préparée; le coup droit, inattendu, porté à fond; il y eut dans la salle comme un frémissement, des petits rires nerveux, des frissons le long des dos; ah! si « l'Autonomie » avait dû passer après le rapport *Lemière*…

Ne craignez rien : *Le Fur*, avec une adresse admirable, une franchise totale, nette, d'une seule pièce, vint dire à la tribune : « J'ai commis une erreur; j'ai des convictions religieuses, c'est mon droit; mais j'ai commis une erreur de jeunesse; j'ignorais les syndicats et j'ai voulu fonder cette association parce que je les ignorais; elle est morte de sa belle mort, il y a deux ans et je ne la ressusciterai pas,

croyez-le bien; je suis syndicaliste et resterai syndicaliste : le premier devoir du médecin, quelles que soient ses idées, confessionnelles ou autres, est d'être syndicaliste! »

Les conclusions du rapport *Lemière* passèrent alors comme une lettre à la poste!

La barque du Congrès de Lille avait franchi la passe la plus difficile.

Certes, des incidents, il y en aura encore : c'est un Congrès de vivants; mais jusqu'au bout, un vent de sagesse et d'entente soufflera sur l'assemblée son apaisante haleine.

Aussi, quand l'infatigable *Bolliet* présenta les conclusions de son volumineux et admirable travail sur « le Libre choix pour les mutualistes », n'y eut-il pas une objection.

Ainsi se trouva justifié le mot de M. Loubet. « Quel moyen, lui demandait-on, nous pourriez-vous donner pour résoudre le conflit entre médecins et mutualistes? » « La Liberté », répondit-il. C'est le vrai, c'est le seul, et Bollet l'a bien prouvé : un ban pour Bollet!

Enfin, le dernier jour a lui!

La veille avait été jour de banquets au Palais-Rameau : un à midi, offert par la « Prévoyance médicale » à près de 400 congressistes; un le soir, par souscription, qui réunit environ 300 convives, parmi lesquels une soixantaine de femmes de médecins. Le même « traiteur » en avait été chargé : c'était trop pour lui et surtout trop pour nous. Sans les confrères *Gairal*, *Pechère*, de Bruxelles, qui réchauffèrent les cœurs intoxiqués par des vins atroces et par une cuisine préhistorique servie dans des assiettes sales, c'eût été lamentable.

Un épisode touchant vint tout sauver : la remise de l'objet d'art offert par la reconnaissance des Praticiens à *Coppens* et l'accolade entre *Mignen*, le père des Syndicats médicaux, et *Coppens*, le père des Congrès. Comme à Paris, les voix s'unirent dans un « Vivat Flamand ». Mais ici, « l'accent aigu » des voix féminines se mêla à « l'accent grave » des

voix d'hommes; l'ensemble fut prestigieux; bien des yeux s'humectèrent à voir l'émotion profonde de ces deux apôtres de nos revendications.

Le Congrès touche à sa fin. C'est sa dernière séance et son ordre du jour en eût exigé deux; mais avec un « starter » comme Gairal, le Congrès ne pouvait rester en route.

Le rapport *Vimont*, appuyé par un vœu des Drs *Treille* et *Chapon*, demandait pour multiples raisons, sociales et étatiques, le relèvement des honoraires; ses conclusions furent acceptées, comme bien vous pensez; il faut en féliciter le Congrès : le « Sacerdoce » médical ne doit plus s'orthographier *Ça sert d'os!*

En passant, un « shake-hand » au bon camarade *Decourt*; encore un père, celui-là : le père de notre repos dominical… non, hebdomadaire, dont il nous entretint, comme au Congrès de 1907, de la meilleure grâce du monde; les résultats s'en font déjà sentir dans la clientèle; nous profiterons d'un dimanche pour aller à Mitry-Mory!

Le Concours Médical, juillet 1899.

Elisabeth Blackwell la première femme médecin

*En 1849, l'Américaine Elisabeth Blackwell reçoit son diplôme.
C'est la première femme médecin au monde.
Récit d'une aventure hors série et
d'un comportement non moins
extraordinaire.*

SA DEMANDE, accompagnée de certificats de docteurs sous la direction desquels elle avait étudié, constatant sa capacité, fut repoussée par douze Facultés. Quelques-uns de ces refus étaient basés sur : « *La position dépendante assignée à la femme, autant par la nature que par la société, et sur la présomption inouïe qui avait inspiré à l'auteur de la demande le désir et l'espoir de prendre rang dans une carrière spécialement réservée au sexe le plus noble.* »

D'autres sur « *ce qu'il y aurait d'inconvenant et d'immoral à voir une femme s'instruire de la nature et des lois de son organisme* ».

Durant plusieurs mois, Elisabeth dut penser que sa ténacité serait forcée de fléchir devant l'impossible. Enfin les barrières qu'on lui opposait de toutes parts s'abaissèrent et le chemin lui fut ouvert par la Faculté de médecine de Genève (Etat de New-York). Après avoir longuement disserté sur la demande d'Elisabeth Blackwell, les membres de cette Faculté eurent le bon sens et la justice de convenir qu'il n'y avait aucune raison valable pour refuser à une femme, ayant fait les études préparatoires exigées, l'entrée des écoles de médecine, et leurs conclusions furent favorables à la demande d'Elisabeth. Néanmoins, avant de rien décider définitivement, ils jugèrent prudent de soumettre la question aux étudiants eux-mêmes : s'ils résolvaient l'admission d'Elisabeth, c'était prendre l'engagement moral de respecter la femme dans le condisciple, et toute difficulté se trouvait ainsi aplanie. Les étudiants examinèrent la proposition très sérieusement et se prononcèrent dans le sens des membres de l'Université. De plus, ils rédigèrent et mirent aux voix des conclusions exprimant, d'une part, le désir de voir miss Elisabeth Blackwell entrer à l'Ecole de médecine; de l'autre, l'engagement collectif de ne jamais rien dire ni rien faire qui fût de nature à lui donner lieu de regretter la résolution qu'elle avait prise.

Une copie de ces conclusions, accompagnée d'une lettre portant la signature de tous les membres de la Faculté, fut adressée à miss Blackwell, qui se rendit immédiatement à Genève, et vit, au mois de novembre, son nom inscrit au registre de l'Ecole, sous le n° 417.

Malgré tout son courage et sa ferme volonté, elle souffrit beaucoup, au physique et au moral, durant les premiers mois de ses études. Sensible, impressionnable et réservée, elle eut à soutenir de rudes combats contre elle-même pour rester impassible devant les souffrances des patients, aussi bien que sous l'œil des professeurs et de ses condisciples, lorsque la leçon exigeait des démonstrations physiologiques d'une certaine nature.

Elle avait si bien compris qu'il fallait être

*Le docteur polonais
Litpinska (à gauche),
qui travaillait sur
la recherche des maladies
révélées pendant le sommeil.*

considérée par *tous*, non comme une femme, mais comme un étudiant s'initiant, avec cinq cents camarades, aux vérités de la science et à la magnificence des lois de la nature, qu'elle fit, dans ce but, des efforts surhumains. S'étant persuadée que le jeûne serait un moyen de se préserver des rougeurs subites qui pourraient trahir ses sensations, elle se soumit durant de longs jours, avant d'entrer à l'Ecole, à une diète des plus sévères. Doit-on attribuer à cette torture sa pâleur et l'impassibilité qu'elle était parvenue à donner à ses traits et à sa contenance? Nous ne le pensons pas, nous constatons simplement le fait pour donner à nos lecteurs une idée de l'énergique volonté d'Elisabeth Blackwell.

Dès son admission à l'Ecole, et jusqu'à ses derniers examens, elle eut pour règle d'entrer et de sortir sans paraître voir personne autour d'elle. Allant droit à sa place, elle s'y asseyait et ne regardait jamais que le professeur et le cahier où elle écrivait ses notes.

Peu de temps après son admission à l'Ecole, la leçon à l'amphithéâtre traitait d'un sujet délicat. Au milieu de la démonstration du professeur, qu'Elisabeth écoutait attentive et impassible, un papier plié, – évidemment un billet, – lui fut lancé par un des élèves placés derrière elle, et vint tomber sur son bras. Elisabeth sentit instinctivement que ce billet devait contenir quelque grossière plaisanterie et que tous

les yeux étaient fixés sur elle. Pour qu'il lui fût possible de continuer de suivre les cours, il fallait que justice fût faite de l'insulte et qu'elle ne se renouvelât pas. Elle ne fit pas un mouvement, elle ne leva pas les yeux et continua d'écrire comme si elle n'avait rien vu. Quand le professeur eut fini sa leçon, elle ferma son cahier; puis, élevant lentement le bras sur lequel était resté le billet, de façon à ce que tous les assistants vissent son mouvement et comprissent son intention, elle fit tomber à terre ce billet, avec l'expression de la plus froide indifférence.

Cette façon d'agir était, à la fois, une protestation et un appel. Cet appel fut entendu. De tous les rangs des étudiants partirent des applaudissements énergiques à l'adresse de la jeune femme et des sifflets à celle de son lâche agresseur. Durant cette scène, Elisabeth garda les yeux fixés sur son cahier et ne parut pas plus tenir compte de la démonstration bienveillante qu'elle n'avait tenu compte de l'injure.

MME A. GAEL
*La femme médecin,
sa raison d'être au point de vue
du droit, de la morale
et de l'humanité.*

47

*Madame Maxudian,
l'une des premières
femmes chirurgiens.*

Femmes, renoncez à des études répugnantes!

*Il y a déjà 15 000 praticiens qui luttent désespérément
pour ne pas laisser leur famille dans la misère...
Alors ne laissons pas les femmes faire
des études de médecine...*

DE TOUTES les interventions odieuses, qui nuisent au médecin, je n'en connais pas de plus répandue que celle des dames de France, des ambulancières, des infirmières congédiées, des masseuses et autres péronnelles (nouvelle plaie d'Egypte), qui se croient la science infuse parce qu'elles ont assisté d'une façon plus ou moins distraite à quelques conférences, où on leur a indiqué les notions élémentaires pour faire un pansement.

Ah! il ne faudrait pas mettre en doute leur habileté. On évaluerait difficilement qui a le plus de prétentions des anciennes femmes de chambre, qui, un beau jour, se révèlent masseuses diplômées, gardes-malades aptes à tous les emplois, d'une assurance à faire trembler, ou des bonnes dames qui, munies d'une pharmacie portative, distribuent à tout venant des drogues qu'elles ne connaissent pas et se posent ainsi en bienfaitrices de leur circonscription.

Et que dire des doctoresses, car il y en a de plus en plus et même de fort méritantes; mais jusqu'ici, même en apportant au chevet des enfants malades une infinie tendresse, une infinie douceur, elles ne sont pas arrivées, à se créer une notoriété spéciale, à s'imposer à leurs contemporaines, malgré le bruyant mouvement féministe qui pousse la femme à sortir de sa sphère, qui tend à lui faire abandonner la route droite, où elle a cheminé jusqu'à ce jour, entourée de notre respect et de nos soins.

Que deviendront la famille, la société, la patrie, si ces dames ne veulent plus faire d'enfants, si la mode et la vanité les poussent à se bourrer de sciences, qu'elles ont souvent bien de la peine à digérer, si elles renoncent à la tâche primordiale pour laquelle elles ont été créées, sous prétexte de s'affranchir de certaines dépendances auxquelles elles sont condamnées, afin de s'exhausser jusqu'à l'homme et de devenir ses égales!

Descendre du rang d'idole à celui d'électeur, quelle chute! – Véritablement, les jeunes filles devraient se laisser séduire par un autre idéal que celui de faire des études répugnantes. Elles ne sont jamais plus séduisantes que dans leur rôle de compagne douce et câline, volontairement effacée, inspiratrice quand même, étant le cœur qui sent à côté du cerveau qui pense : cela vaut toutes les palmes et toutes les couronnes.

Elles veulent s'occuper de nos vilaines affaires humaines, prendre leur part de nos prétendues prérogatives, qui sont des corvées,

*Madame Maxudian
en famille.*

comme si leurs blanches épaules avaient la force de supporter cette lourde croix, que nous traînons nous-mêmes avec tant de peine.

Elles auraient un rôle plus sublime à jouer, en créant simplement et en élevant des hommes, en s'efforçant de leur donner un corps solide et un esprit sain, en nous soutenant dans nos luttes, aux heures de faiblesse, etc., etc. — Elles ne sont déjà que trop pourvues de privilèges masculins, sans compter le port de la moustache, dont quelques brunes abusent de la façon la plus manifeste!

GRELETTY
*Encombrement et dépréciation
de la profession médicale*
Macon, 1897.

*Le congrès de l'Association
internationale
des femmes médecins.*

SPLENDEUR ET MISERE DES PRATICIENS

Le combat
des femmes
médecins

*556 femmes exerçaient en France et aux colonies en 1928,
date de ce rapport. Avant d'arriver à ce chiffre fabuleux,
elles avaient dû batailler pendant plus
de soixante ans.*

Association française
des femmes médecins

SEULE, en Europe, la Faculté de Zurich avait admis des Etudiantes (1864), lorsqu'en 1866, Mme Madeleine Brès, fille d'un charpentier de Nîmes, restée veuve avec trois enfants à élever, demanda au doyen Wûrtz le droit de s'inscrire à la Faculté de Paris. Légalement, aucun texte ne s'opposait à l'admission des femmes dans une Faculté, pourvu qu'elles eussent accompli les formalités scolaires préalables, Mme Brès, n'étant pas bachelière, dut attendre; deux ans plus tard, en 1868, elle revint s'inscrire, pourvue des baccalauréats ès lettres et ès sciences, donnant ainsi un bel exemple de volonté. Mais, tandis qu'elle préparait ses baccalauréats, trois étudiantes étrangères, munies d'équivalences remportées dans leur pays, l'avaient précédée à la Faculté : c'étaient : l'Anglaise, Miss Garrett, l'Américaine, Miss Mary Putman, et la Russe, Mlle Gontcharoff.

L'inscription de Miss Garrett avait rencontré une vive résistance, elle était déjà titulaire d'une licence en médecine obtenue à Londres, mais, comme aucune école de médecine anglaise ne voulait lui permettre de poursuivre ses études, elle avait résolu de les compléter à Paris. La majorité du Conseil de la Faculté étant défavorable à son admission, elle dut recourir à l'intervention du Ministre de l'Instruction Publique, Victor Duruy. Celui-ci se rendit au Conseil des Ministres, présidé, en l'absence de Napoléon III, par l'Impératrice Eugénie, et obtint de la Souveraine que le Conseil signât. Plus tard, rentrée en Angleterre, Miss Garrett, devenue Mrs Anderson, fonda le « New Hospital for Women », où les étudiantes anglaises purent travailler et jouir de l'Enseignement Clinique. Ainsi, furent associés les débuts du féminisme médical anglais et du féminisme médical français.

Après Zurich et Paris, toutes les Universités d'Europe, sauf les autrichiennes, allemandes et russes, admirent les femmes.

Mme Madeleine Brès était, depuis deux ans, étudiante à la Faculté lorsque la guerre de 1870 éclata; elle demanda à remplir les fonctions d'interne provisoire dans le service du Prof. Broca, à la Pitié; elle y demeura, pendant tout le siège de Paris, et y reçut les félicitations des médecins et du directeur pour « le respect que son dévouement inspirait aux autres élèves », mais, quand elle prétendit se présenter au concours de l'Externat, le Conseil de Surveillance de l'Assistance Publique répondit « qu'il n'autorisait pas une telle innovation ».

A la Faculté, les étudiantes n'étaient que tolérées; pendant les cours, des places leur

Le docteur Fontaine.

étaient réservées, non sur les bancs de l'amphithéâtre, mais au rez-de-chaussée de l'hémicycle, sous la surveillance du professeur. Les huées de l'assistance ne leur furent épargnées que le jour où elles allèrent s'asseoir délibérément sur les gradins.

Elles ne réussissaient guère mieux dans la clientèle; la seconde Française inscrite à la Faculté, Mme Ribard, dut s'exiler pour ne pas mourir de faim. Elle suivit la mission de Paul Bert en Annam et au Tonkin et y succomba de la dysenterie, en revenant d'opérer la cataracte de la Reine de Hué.

En 1881, une étudiante, Mlle Edwards, fille d'un médecin de Neuilly, après avoir multiplié les démarches auprès des membres du Conseil Municipal, obtint du Conseil de Surveillance de l'Assistance Publique, l'autorisation, pour les étudiantes, de concourir à l'Externat (17 déc. 1881).

C'était une première victoire, mais le concours de l'Internat restait fermé aux femmes. A la pétition adressée par les candidates, les internes des salles de garde avaient opposé une contre-pétition qui fut prise en considération par l'Assistance Publique. De plus, les Sociétés de Médecine et de Chirurgie, réunies en séances extraordinaires, avaient voté, contre l'admission des femmes au concours, presque à l'unanimité : (4 voix favorables seulement dans chaque société), malgré un discours très chaleureux, en notre faveur, du Prof. Landouzy. Mlle Edwards ne se découragea pas, elle entreprit plus de cinq cents visites officielles, et décida Paul Bert à faire signer par le Préfet de la Seine,

Poubelle, un arrêté préfectoral qui, le 30 janvier 1885, imposait à l'Assistance Publique l'admission des femmes externes au concours de l'Internat. Dès le mois d'octobre suivant, Mlle Edwards et Miss Klumpke se présentèrent au concours; elles furent nommées internes provisoires.

L'année suivante, concours de 1886-87, Mme Déjerine-Klumpke fut reçue interne titulaire. En 1888, onze femmes exerçaient à Paris.

En 1896, Mme le Dr Chellier-Fumat, la première étudiante de l'école d'Alger, avait été chargée d'une mission officielle dans l'Aurès par le Gouverneur Cambon, « afin d'enseigner aux femmes arabes quelques principes en matière d'accouchements et de soins à donner aux jeunes enfants ».

Que de chemin accompli en quarante ans! Lorsqu'en 1888, Mlle Mesnard avait réclamé le droit de concourir au clinicat des Hôpitaux de Bordeaux, refus lui avait été opposé par le Ministre de l'Instruction Publique, et un article de la *Médecine Moderne* déplorait « l'inaptitude médicale des femmes ». C'est en 1911 seulement, que Mme Long-Landry fut nommée, la première, chef de Clinique à la Faculté de Paris.

Evolution du féminisme médical en France
Dr Darcanne-Mouroux
Plaquette éditée en 1928 par l'Avocat Français des Femmes médecins

L'empereur du Brésil
Dom Pedro II
vu par Nadar.

SPLENDEUR ET MISERE DES PRATICIENS

Un succès du Docteur Depaul au Brésil

*Petite histoire prouvant combien grande est
la réputation de nos médecins à l'étranger et
démontrant aussi la versatilité
de l'opinion publique.*

UN ÉVÉNEMENT vient de se passer qui prouve que la France remporte encore des victoires… Le voyage de M. le professeur Depaul, mandé au Brésil pour l'accouchement de la princesse impériale, démontre que nous n'avons pas abdiqué toutes les suprématies et que nous sommes toujours les premiers sur le terrain scientifique, – un terrain qui vaut bien un champ de bataille!

J'ai eu l'honneur de rencontrer M. Depaul, débarqué il y a trois jours… Avec l'éloquente clarté qu'il met au service de ses moindres récits, l'aimable savant m'a parlé de son voyage et m'a tenu sous le charme de sa parole, que subissent tous ceux qui l'approchent.

On savait à Rio-Janeiro qu'il devait présider aux couches de la princesse et le corps médical indigène avait vu, avec dépit, l'héritière du trône faire appel aux lumières d'un étranger. La presse brésilienne s'était élevée contre cette détermination. Les plus ardents la qualifiaient d'« anti-patriotique ».

Au premier abord, on se sent quelque indulgence pour cette indignation. On conçoit que les médecins de Rio aient envié à un Français la gloire de mettre au monde celui qui règnera un jour sur leurs enfants. Mais certains événements qui ont précédé les couches impériales auraient dû les faire renoncer à leur louable désir, et leur patriotisme même eût dû les rendre plus tolérants. La comtesse d'Eu qui, au bout de neuf an de mariage, avait la douleur de n'avoir pas d'enfants, était devenue grosse après avoir suivi un traitement prescrit par le Dr Depaul. Elle quitta Paris pour aller faire ses couches au Brésil, où, après des souffrances inouïes, elle mit au monde un enfant mort. Il serait injuste d'attribuer ce malheur à l'inexpérience de l'accoucheur qui l'assista, mais enfin, cet accident suffit à excuser certaines appréhensions et à justifier la sollicitude exagérée de l'empereur qui ratifia le choix du Dr Depaul pour une seconde délivrance.

Quand l'illustre professeur arriva, il se vit l'objet d'une froideur générale. Les gazettes se montrèrent moins que bienveillantes à son endroit et il lut des sentiments hostiles sur tous les visages de l'entourage de Leurs Altesses. Voulant mettre tous les torts du côté des opposants, M. Depaul s'en fut visiter les médecins de la cour et réclama même leur aide pour le jour de l'enfantement… Mais quand la nouvelle des premières douleurs se répandit, personne n'apparut et M. Depaul se trouva seul au chevet de son auguste cliente.

Ce fut un accouchement laborieux, – un accouchement qui nécessita l'application du forceps… Rien n'était, paraît-il, plus navrant que l'émotion du comte d'Eu, fils du duc de Nemours et mari de la princesse.

*Sorcier guérisseur
de la forêt amazonienne.*

— Jamais je n'ai vu ménage plus tendre et plus uni, me disait à ce sujet le Dr Depaul, ils s'aiment comme des bourgeois…

Anxieux, agité, une sueur froide au front, le comte arpentait le salon voisin de la chambre de sa femme. Il venait à chaque instant baiser sa main et lui recommandait – sans qu'il en fût besoin – d'être courageuse. Et puis il sortait, revenait, interrogeait à toute minute le docteur qui, sans être trop rassuré, lui donnait les meilleures espérances.

Enfin, après treize heures de souffrances, la princesse mit au monde un enfant dont la taille et la puissance avaient coûté tant de douleurs à sa mère. Il pesait près de 12 livres! Mais l'envie ne vint point d'admirer ce robuste nouveau-né… Il ne donnait aucun signe de vie et resta plus d'une heure inerte et asphyxié. M. Depaul parvint, en lui insufflant de l'air, de bouche à bouche, à donner la vie à ce cadavre – aujourd'hui le plus beau et le plus vivant des babies!

L'accoucheur officiel de la cour était cependant arrivé vers la fin, et telle est la puissance du talent et du sang-froid – que ses sentiments de rancune et son dépit disparurent devant le zèle, la présence d'esprit et l'adresse de M. Depaul. La nouvelle de cet accouchement anormal si heureusement terminé, se répandit par la ville; et voilà, dans l'opinion publique, un revirement complet! Les médecins, les journaux, les courtisans, tout le monde exalta celui qui était conspué la veille, et le savant reçu d'abord avec des moues dédaigneuses, fut flatté, adulé, chanté sur tous les tons. Les Académies lui envoyèrent des couronnes, des députations. Des banquets s'organisèrent dont la présidence lui fut offerte.

— Après l'événement, me disait M. Depaul, mon appartement ne désemplit pas du matin au soir, et je fus obligé – malgré ma détermination contraire – de donner des consultations… En moins de huit jours on déposa, en piastres, plus de 15 000 francs sur mon bureau!

ADRIEN MARX
Le Figaro du 1er décembre 1875.

*Allégorie naïve à la gloire
d'un écrivain brésilien.
Les médecins réputés
avaient le droit
au même hommage.*

Le professeur Metchnikoff invente la macrobiotique

Avant de mourir, à 70 ans, le grand savant de l'Institut Pasteur déclare : « Si je disparais, concluez que je me suis mis trop tard à ce genre d'alimentation… »

Le professeur russe Metchnikoff, célèbre chercheur de l'Institut Pasteur. Il dirigea le laboratoire de bactériologie, refusant tout salaire quand l'Institut connaissait des difficultés financières.

*Un laboratoire
de l'Institut Pasteur
vers 1900.
Eclairage au gaz.*

PERSUADE de la nocivité de notre flore intestinale, j'ai institué depuis plus de dix-huit ans, dans l'intention de combattre son action néfaste, une expérience sur moi-même; je m'abstiens de toute nourriture crue et, de plus, j'ai introduit dans mon régime des microbes lactiques capables d'empêcher la putréfaction intestinale. Ce n'est, bien entendu, que le premier pas dans la direction que je poursuis. En dehors des agents putréfiants, notre flore abonde en d'autres microbes capables de nous nuire. Je cite notamment les bactéries productrices d'acide butyrique, poison qui altère nos organes les plus précieux. L'étude des moyens pour lutter contre ces microbes a été interrompue à cause de la guerre qui a nécessité la suppression des animaux d'expérience. Mais, déjà, dès les débuts de mes recherches, j'ai acquis la conviction que la pullulation des

bacilles butyriques ne dépend pas uniquement de la qualité de la nourriture. Avec exactement le même régime certains singes hébergent une grande quantité de ces microbes, tandis que d'autres individus de même espèce n'en contiennent pas du tout. Ces recherches m'ont persuadé que la flore intestinale subit une orientation dès les premiers moments après le sevrage. Il faut donc, pour obtenir une bonne flore intestinale, ensemencer les microbes utiles et éliminer les microbes nuisibles dès la première enfance. Les expériences à ce sujet devraient être faites dans des asiles d'enfants et dans des singeries dans lesquelles on tâcherait d'élever des singes. D'un autre côté les asiles de vieillards pourraient servir pour l'étude des régimes alimentaires capables d'assurer la vieillesse normale et la plus grande longévité. Tandis que pour le moment il faut se

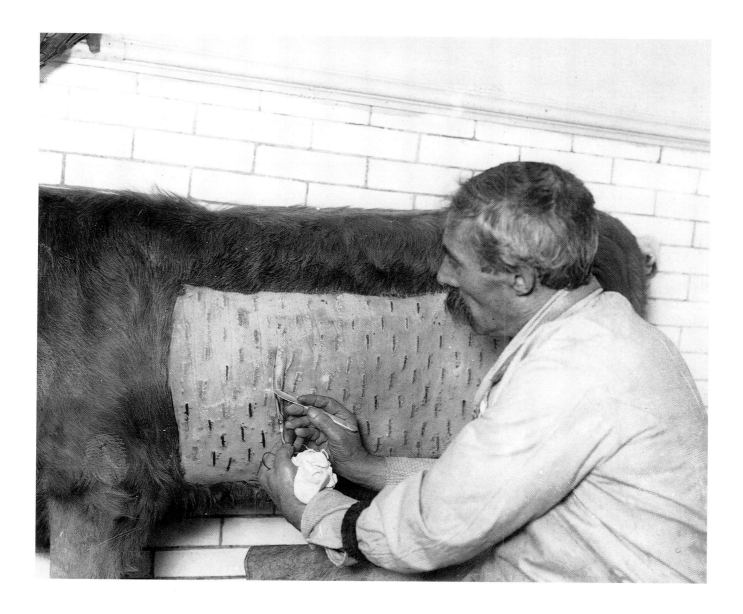

considérer comme favorisé si on arrive à soixante-dix ans encore capable de continuer l'œuvre de sa vie, dans l'avenir, la limite actuelle pourra certainement être reculée de beaucoup. Seulement, pour atteindre ce résultat, un long travail scientifique est à faire. A côté des recherches sur le rôle de la flore intestinale comme agent de vieillesse précoce avec ses lésions vasculaires, nerveuses et autres, la macrobiotique scientifique, qui est presque toute à fonder, devra étudier les maladies des vieillards, parmi lesquelles les pneumonies et les tumeurs malignes occupent une place prépondérante. L'idée adoptée par notre Institut et si bien défendue par Borrel, sur l'origine exogène des cancers, doit servir de base aux recherches nouvelles. Il y aurait lieu, d'abord, de faire des observations dans les asiles de vieillards. Si réellement il existe un virus cancéreux, le ré-

gime d'aliments stériles et la propreté de la peau doivent préserver les hommes contre l'action funeste de ce virus.

La macrobiotique rationnelle est une science de l'avenir; mais pour le moment il faut se contenter d'une vie normale à soixante-dix ans. Heureusement qu'à cet âge déjà, au moins chez quelques individus à évolution raccourcie (au nombre desquels je crois appartenir), la peur instinctive de la mort commence à s'effacer et à céder la place au sentiment de la satisfaction de l'existence et au besoin du néant.

Récolte du virus de la variole au moyen de la pince Chambon.

Le Bulletin Médical
Juillet 1916.

Le médecin des toréadors

*Le docteur de Brioude, sous-directeur à la Faculté de Séville
est devenu de facto le spécialiste des blessures
par coups de cornes. Il connaît bien
la psychologie des toréadors.*

Rien n'est donc étrange quand il s'agit de blessures par coups de cornes. Les accidents les plus extraordinaires, les plus invraisemblables ont lieu presque tous les jours : un amateur est atteint par le taureau qui le soulève par le scrotum et lui luxe les deux testicules. Nous même avons vu à Séville une *torera* ou femme toréador dont toute la paroi recto-vaginale avait été déchirée; et à Saulucar le torero Vito qui fut cloué contre un mur par les deux cornes du taureau et qui n'avait que deux égratignures insignifiantes sur les deux côtés du thorax! Nous pourrions ainsi trouver des centaines d'accidents curieux rien qu'en feuilletant les revues des courses de taureaux. Au fond des blessures nous trouvons fréquemment des corps étrangers, tels que fragments de cornes ou des os fracturés, des morceaux d'étoffes, des fils d'or, de la terre, du sable, du sang de cheval, etc., etc. Il faut donc compter sur la septicité de ces blessures et sur les fréquentes complications.

Le toréador est peu sensible à la douleur; grâce à l'excitation fébrile de la lutte et au désir de paraître devant la foule un être supérieur, au moment de l'accident il laisse croire qu'il n'a pas été blessé et surmonte la douleur; ou même, en réalité, il se croit indemne par un phénomène d'auto-suggestion. Sauf dans les accidents suivis de mort rapide,

le torero est emmené de vive force jusqu'à l'infirmerie et, bien souvent, il se défend des porteurs à coups de poings et de coudes.

Après le premier pansement et une fois transporté à son domicile, la réalité s'impose et le blessé commence à souffrir de douleurs sourdes et continues, quoique peu intenses, en même temps qu'il éprouve une sensation de torpeur et de pesanteur au membre blessé; il y a en même temps de la fièvre qui est continue avec de légères rémittences. La cicatrisation a lieu par suppuration et granulation. Quant aux complications : hémorragies, abcès, trajets purulents, gangrène, etc., elles ne présentent aucun signe différentiel.

N'oublions pas cependant, parmi les complications graves, le tétanos et la morve, inoculés souvent par la corne qui a éventré d'abord plusieurs chevaux et a traîné sur le sable du cirque.

Malgré la septicité des blessures, la cicatrisation est rapide. Ceci est dû au vigoureux organisme des lutteurs, habitués depuis l'enfance aux exercices violents, aux mauvais traitements, aux coups de toute sorte et, en somme, à toute espèce de privations pendant le cours d'une vie de hasard et d'aventures, qui a contribué à en faire des hommes robustes et aptes à résister à n'importe quels traumatismes ou infections.

A cette raison, si importante déjà, nous en

ajouterons une autre que nous croyons d'une certaine valeur. Il s'agit de l'assistance rapide des toreros blessés et des soins minutieux dont ils sont l'objet.

Le pronostic des blessures par coups de cornes chez les toreros est cependant fort difficile à faire et c'est sûrement un des problèmes les plus graves qui se présentent aux chirurgiens des *plazas*, d'autant plus que le public, ému par l'accident dont vient d'être victime le torero favori, la véritable idole, veut savoir à tout prix les conséquences futures de la blessure, pour le sujet d'abord et pour le sport ensuite. Le chirurgien est assiégé par les amis, amateurs, impresarios, famille, journalistes, etc., tout le monde interroge, questionne, discute et réclame à chaque instant l'opinion du docteur, pour savoir le diagnostic et le lancer à la publicité.

La blessure est-elle grave? Quel jour pourra-t-il se présenter en public? Dans combien de temps sera-t-il apte à résister aux fatigues d'un nouveau voyage? De combien ses facultés sportives diminueront-elles? Questions toutes insolubles et desquelles dépendent parfois de gros intérêts, tels que fêtes d'une localité, location des plazas, engagement des matadors, trains de plaisirs, etc.

Il est donc facile de comprendre quelle doit être la règle de conduite du chirurgien et de quelle prudence il doit s'entourer avant de faire son pronostic; il comptera toujours sur des complications possibles et même probables, surtout quand il s'agit d'individus alcooliques ou avariés.

Nous avons observé que tout toréador blessé dans un pays peu familiarisé avec les courses de taureaux mettait plus longtemps à guérir que quand l'accident avait eu lieu en Espagne, et cela malgré les soins intelligents et dévoués des meilleurs chirurgiens étrangers. Cela est dû, selon nous, à la façon dont on soigne à l'étranger ces blessures, comme s'il s'agissait d'un traumatisme quelconque. Cependant, il y a des détails techniques qui, malgré leur insignifiance apparente, sont d'une importance pour le résultat.

Un chirurgien, non spécialiste en cette matière, examinera le foyer traumatique sans crainte d'introduire dans les culs-de-sac des instruments quelconques, styles, son-

des… Enfin, à la vue des bords contusionnés, irréguliers, grisâtres et sanguinolents, il régularisera l'orifice d'entrée jusqu'à le transformer en une blessure nette.

Il nous faut donc insister, avec Creus, pour éviter l'emploi de tout autre instrument que le *doigt* pour reconnaître le trajet ouvert par la corne. C'est lui qui, par sa forme, sa souplesse et sa flexibilité, s'adapte le mieux à la forme de la blessure. Malgré cela, nous aurons soin de l'enduire d'un corps gras et nous l'introduirons avec lenteur et sans à-coup. On enlèvera ensuite les corps étrangers qui peuvent se trouver au fond, mais nous aurons soin de respecter autant que possible les bords contusionnés, car nous chan-

gerions une zone traumatisée dans laquelle les petits vaisseaux et les lymphatiques sont obturés et écrasés, c'est-à-dire en mauvaises conditions d'absorption, pour une autre zone saignante et de grande vitalité, fort apte à transporter les germes infectieux et les éléments septiques.

Nous aurons soin, aussi, de ne pas faire de suture immédiate; nous ferons tout au plus quelques points à distance, si les bords se trouvent en bon état, et nous nous contenterons de juxtaposer les deux lèvres de la blessure en les maintenant ainsi par la pression douce et continue d'un pansement ouaté.

Rappelons la nécessité des injections préventives de sérum antitétanique employée dans les *plazas* de taureaux espagnoles.

Quant aux complications, elles seront combattues par les moyens ordinaires comme dans les autres traumatismes. Nous conseillerons au malade l'immobilité la plus absolue et, une fois dans la période de convalescence, nous lui défendrons de recommencer à exercer sa profession jusqu'à rétablissement complet. Nous disons ceci plutôt pour la forme, car nous pouvons être sûrs que le torero, loin de nous écouter, fera tout le contraire.

Corrida tragique.

DR de BRIOUDE
Archives d'Anthropologie Criminelle, 1908

La voiture guérit tout

*A ses patients,
le Docteur Fougerat ne prescrit qu'un remède :
l'automobile. Surmenage intellectuel, nervosité,
manque de sommeil etc peuvent être guéris
par simples promenades
en voiture.*

*Une école de courage...
telle était la pratique
de l'automobile pour
certains « psychologues »
du début du siècle.*

Promenade hygiénique
vers 1905.
C'est le mari chauffeur
qui a pris la photo.

Toux

Il EXISTE une discipline inconsciente chez les chauffeurs; grisés par la vitesse, la beauté des paysages, ils suspendent involontairement leur toux; toutes ces observations sont sur ce point absolument concluantes et nous ne pouvons expliquer cette curieuse disparition que par le facteur distraction. Car, le froid produit par la grande vitesse ne saurait agir comme anesthésique; il ne peut que réveiller la toux endormie par l'ivresse de la vitesse. Mais cette disparition de la toux est-elle durable? n'y « a-t-il pas qu'une suspension momentanée? »

Il n'en est rien. Les chauffeurs bacillaires voient souvent leur toux disparaître complètement; « non seulement, je n'ai jamais toussé, nous écrit le Dr V..., pendant mes voyages en automobile, mais je n'ai jamais toussé après. Depuis de longs mois, des quintes sèches qui facilitaient un diagnostic malheureusement trop évident, désespéraient ma femme; maintenant je suis guéri.

Neurasthénie

J.M., vingt-trois ans, institutrice. Hérédité peu nette; le père est désigné vaguement comme un nerveux. Neurasthénie dévelop-pée par le surmenage scolaire, la fièvre des examens, le besoin d'arriver institutrice. Dirigeait en 1901 une école; mais bientôt sa santé ne lui permit plus d'exercer; elle gémissait continuellement, se plaignait surtout de ses digestions qui étaient pénibles, irrégulières et suivies tantôt de diarrhée, tantôt de constipation. Estomac dilaté et clapotant. Sommeil mauvais. Nuits agitées. Céphalée intense. Elle revint dans sa famille à M... Bientôt elle entrait au service de M. R..., comme préceptrice. Chaque jour, pendant trois ou quatre heures, M.R... l'emmenait avec sa famille en automobile; elle se montra ravie de la volupté de la course rapide que lui procuraient ces agréables promenades. Bientôt, la céphalée, l'insomnie, les troubles digestifs disparurent, alors qu'autrefois toute médication avait été vainement employée. Trois mois après, on lui confiait à nouveau la direction d'une école. La guérison semble être définitive, car je sais que depuis un an Mlle M... a une santé parfaite.

Le Dr Blackland, atteint d'épuisement nerveux et d'insomnie analyse ainsi l'action de l'automobile dans son propre cas. « L'automobilisme nous offre la forme d'exercice la meilleure qui ait été inventée; supérieur à la gymnastique et aux autres sports en ce qu'il vous permet d'aller sans fatigue vivre au grand air et au soleil… Les poumons font de profondes inspirations d'air pur; le cœur bat

*Pour le docteur Fougerat,
le vent de la vitesse
est souverain
contre les céphalées.*

plus pleinement, plus vite et plus librement; le cerveau lassé est soulagé du fardeau de la congestion sanguine et l'heureux chauffeur rentre de sa promenade frais et dispos, avec une digestion et un appétit de bûcheron, tout prêt pour un doux et bienfaisant repos. Je parle en connaissance de cause, car je suis sorti, grâce à mon auto, des ténèbres de l'épuisement cérébral et de l'insomnie, pour rentrer dans une vie nouvelle de santé ».

Voici encore l'observation d'une demoiselle américaine, citée par le Dr Lorne : « J'ai commencé à être "chauffeuse" il y a trois ans, j'étais alors élève d'une école de hautes études; très ambitieuse, je travaillais sans compter avec mes forces. Aussi, bientôt, je fus obligée de suspendre mes études et de m'aliter. Plusieurs médecins appelés en consultation déclarèrent que j'étais neurasthénique. La nuit, je ne pouvais reposer; je ne prenais en outre aucun aliment. Un jour, mon médecin me conseilla de faire de l'exercice. J'essayai d'abord la marche, mais elle me fatigua tellement que je fus obligée de me mettre au lit en rentrant. Je fis ensuite de l'automobile, d'heureux résultats ne se firent point attendre; mes forces revinrent; mes nuits ne furent plus agitées. Ma guérison s'est faite lentement, progressivement. Mes promenades au début furent très courtes, une heure d'automobile par jour, à un train de sénateur; puis, j'augmentai la longueur et la vitesse jusqu'à ce que je pusse faire 100 kilomètres et même davantage dans une matinée. »

Les neurasthéniques sont souvent aussi des mélancoliques. S'ils ont des raisons de s'inquiéter, ils s'inquiètent outre mesure. Ils voient trop en noir des choses qui existent réellement; ils les interprètent dans un sens pessimiste. A cette catégorie de névropathes, l'automobilisme semble merveilleusement convenir. Il occupe agréablement l'esprit et à ce titre, il agit comme un puissant agent de dérivation. Il empêche les idées délirantes de se former en donnant un but à la volonté. « On peut obtenir, dit le Dr Albert, d'heureux résultats en conseillant aux mélancoliques de faire de l'automobilisme et de conduire eux-mêmes leur voiture. Beaucoup d'Anglais évitent le spleen en prenant la place de leurs chauffeurs; une célèbre lady ne rend, paraît-il, supportable que par ce sport sa noire mélancolie. » « Il fallait l'automobile, dit encore M. Hanotaux, pour distraire, empoigner, apaiser notre génération. »

Morphinomanes

En traitant de l'étiologie de la morphinomanie, beaucoup de médecins ont insisté sur l'influence du chagrin et de l'ennui sous toutes ses formes sur la genèse de cette passion. C'est que la morphine est une grande consolatrice. Nombre de gens dans les classes supérieures de la société, de femmes surtout, demandent à la morphine l'oubli d'une existence manquée, d'un espoir trompé, d'un amour déçu, d'une de ces pertes irréparables qui laissant l'homme seul, sans appui, lui font toucher du doigt la nécessité d'une affection et le néant de tout le reste.

Pour ces individus, et ce sont souvent les plus intelligents sur qui l'ennui a tant de prise, le traitement de la morphinomanie est celui de cet état d'âme lui-même. Il en est qui ont sacrifié ou sacrifient encore à la morphine, qui perdraient cette habitude qu'ils sont les premiers à maudire s'ils sont les premiers à maudire s'ils pouvaient être subitement transportés dans un milieu plus conforme à leurs aspirations et si quelque changement imprévu d'occupation, de distraction venait donner à leur curiosité un aliment, à leur vie un intérêt, à leur activité un but qui leur manque. L'automobilisme, en exigeant une grande dépense d'attention dans la conduite, de sollicitude pour l'entretien, en favorisant favorablement le sommeil, en procurant aux chauffeurs une certaine gaieté,

une certaine griserie vite dégénérée en véritable passion, était appelé à jouer son rôle dans le traitement de la morphinomanie.

Observation due à l'obligeance du Dr S.

L.M., ingénieur des ponts et chaussées, trente-six ans, célibataire, morphinomanie d'origine thérapeutique : coliques néphrétiques. Premières piqûres en juin 1901. Doses progressivement croissantes. Homme énergique, vigoureux, exempt de toute affection cardio-pulmonaire. Le 20 octobre, L.M., sur le point de se marier, vient me trouver pour la première fois, m'avoue sa passion et

me dit son intention de vouloir à tout prix guérir « désirant, disait-il, faire ses adieux à la vie de morphinomane comme à celle de garçon. » – Je proposai alors à mon malade la « démorphinisation lente jointe à l'aumobilisme. » Cette fois, le succès fut complet, en trois semaines, mon malade supporta fort bien le traitement, ses forces revinrent, son insomnie disparut; son poids augmenta de 3 kilogrammes. Aujourd'hui, mon malade a une santé magnifique; il est marié et père d'un bel enfant.

DR FOUGERAT
Médecine et Automobile.

Dans les années vingt,
on passait beaucoup
de temps sous sa voiture.

SPLENDEUR ET MISERE DES PRATICIENS

Exaspéré par le coût de sa voiture

Lettre à son syndicat d'un jeune médecin dont la voiture tombe sans cesse en panne : « Les constructeurs ne devraient-ils pas avoir des égards pour une profession qui achète près de 10 000 véhicules par an? »

Nous en avons assez de travailler avant tout pour notre patente et notre voiture. J'ai ouvert un cabinet en pleine campagne dans une commune de 1 200 habitants qui se développe rapidement. Je ne peux me plaindre car en 3 ans j'ai fait plus que je ne pensais : 48 000 francs, chiffre qui a même un peu augmenté depuis. Malgré cette réussite, c'est la gêne, plus que la gêne, du fait des impôts et de la voiture : 6 000 francs de patente, 2 000 francs au moins par mois de frais d'auto. C'est chaque année un minimum de 30 000 francs qui s'envole rien que pour ces deux chapitres, avant de manger; et comme je n'ai pas de ressources personnelles, que j'ai eu le malheur de me marier sans fortune étant étudiant, que j'ai eu l'imbécillité de ne pas réduire ma famille, c'est la misère avec mes 5 enfants. Et il faut malgré tout tenir son rang, paraître dans l'espoir de jours meilleurs où, en me tuant de travail, je parviendrai peut-être à joindre les deux bouts. Je suis révolté de me voir exploité comme nous le sommes pour la voiture, sans cela je m'en tirerais. J'ai voulu tout d'abord avoir un petit véhicule et j'ai eu tous les déboires possibles. Le constructeur connu qui vend cette camelote n'a jamais su évidemment ce que pouvait être une voiture de médecin. Ce qui ne l'empêche pas d'avoir le culot de nous présenter son tacot comme « étudié spécialement » pour nous. Et les notes de garages? Le remplacement d'une grande couronne de 6 CV et de la trompette m'a coûté 1 280 francs que j'ai dû payer sans rien dire car le garagiste est adjoint au maire! J'ai bien essayé de faire moi-même mon entretien… Les écorchures aux mains, fatales malgré toutes les précautions et si funestes pour nous y ont mis bon ordre avec un panaris et deux commencements de phlegmons à la clef. Je bous et je subis, mais il semble que le syndicat pourrait obtenir des constructeurs qu'ils ne se moquent pas de nous à ce point. Et pour l'essence! Et pour les Assurances avec leurs tarifs prohibitifs et leurs méthodes ignobles! Je n'ai jamais eu d'accidents, ce qui ne les a pas empêchées de DOUBLER ma prime quand j'ai eu le malheur d'acheter une 9 CV. Il y a beaucoup à faire. Pour cela il faut connaître nos besoins, nos vrais besoins à nous, praticiens. Ce ne sont pas les PATRONS et les PONTIFES qui se pencheront sur nos misères.

DR FOUGERAT
Médecine et Automobile
Brochure de la Confédération
des Syndicats des médecins français, 1933.

*La petite Peugeot 201
fut très populaire
auprès des médecins.*

SPLENDEUR ET MISERE DES PRATICIENS

Médecins, convertissez-vous à l'automobile!

*En 1904, inconditionnel de la voiture, le docteur Devoir
crée « La revue automobile du docteur ». Il y prêche
l'abandon de la voiture à cheval et balaie toutes
les objections de ses lecteurs encore
réticents au progrès.*

AUJOURD'HUI il faut le dire et le crier bien haut, toutes les voitures, toutes, sont capables d'un service plus ou moins long ou plus ou moins pénible, mais toujours régulier. Pour ma part, je n'ai jamais manqué, aucun rendez-vous, jamais mécontenté aucun malade du fait de mon automobile. Mais la peur de la panne, cette noire déesse n'est pas pour nos confrères la seule cause d'hésitation. Les lettres que j'ai reçues témoignent de préoccupations bien diverses et parfois inattendues : tel, par exemple me demande si j'habite un pays accidenté et dans ce cas, comment je fais pour monter les côtes!... Mon Dieu mon cher confrère, dussent vos membres supérieurs s'écrouler d'admiration, je vous répondrai simplement que je les monte dans ma voiture! Car toutes les automobiles, actuellement montent *toutes* les côtes, plus ou moins allègrement, mais toujours. Et oncques n'est-il besoin de descendre pour soulager Cocotte ce qui, je parierai bien, vous arrive de temps en temps. Fort bien dit un autre, mais la nuit? Je vous vois venir cher confrère, vous aimez dormir dans votre carriole au bercement moelleux de vos ressorts, confiant en l'intelligence et le flair de votre serviteur à quatre pattes. Comme c'est délicieux en effet! Rester une heure en route, engourdi, ankylosé, risquant de vous retrouver en plein champ grâce à quelque lubie de notre cheval. Trouvez-vous cela mieux que

d'accomplir la route en 20 minutes avec un bon phare et de vite retrouver votre lit?

Autre objection de mes lecteurs : comment pouvez-vous rouler l'hiver par la pluie, par la neige? Mais tout comme par un beau soleil… En quoi voulez-vous que le moteur souffre des intempéries? Il n'aura jamais ni grippe ni pneumonie – pas même besoin d'une couverture à l'arrêt. Grâce à la capote et à la glace vous pouvez conduire en étant parfaitement abrité.

Beaucoup de confrères maladroits craignent de ne pouvoir se mettre à la mécanique. Le moteur, les engrenages, le différentiel, tout est pour eux d'une complication effrayante. Pourtant l'agencement des voitures est très simple et logique. Toutes, se ressemblent dans leurs grandes lignes. Qui en connaît une en connaît cent! Et nos confrères seraient bien étonnés, s'ils disséquaient un peu le monstre, d'en découvrir la merveilleuse et indéniable simplicité! Quelques écrous à dévisser, un couvercle à soulever, et les arcanes vous sont dévoilés. L'âme de la petite fée s'offre à vous, avenante et sans réticences, n'exigeant en fait d'égards qu'un peu d'adresse et de douceur.

La conduite? Enfantillage! Observez, puis maniez le volant de direction et les manettes. Vite familier avec leur usage, vous pouvez partir; une heure de leçon, du sang froid, de la prudence, vous voilà sacré chauffeur. La

Encore une voiture
très prisée des médecins :
la 6 CV de Renault.

*La Citroën Rosalie
de madame le docteur.*

bête est douce, elle n'a pas de volonté propre, pas de caprices inattendus, c'est la continuation de vous-même. Un contact à pousser, la voilà prête à partir, où vous voudrez,
vite ou lentement selon votre plaisir. Un
coup de pédale elle s'arrête, figée sur place,
sans que l'impatience ni les mouches n'inter-
rompent sa faction. Combien trouverez-vous
de chevaux ainsi dressés? Mais, me dit-on, qui
nettoie votre voiture? Qui règle le moteur
et le répare si besoin est? Mon domestique,
tout simplement, aidé quelquefois du ser-
rurier le plus voisin. Il faut de six à deux
mois de patience pour dresser un semi-
mécanicien; ensuite il suffit de le surveiller
sans jamais mettre la main dans l'huile ou la
graisse. Tout cela n'est ni long ni ennuyeux
et je ne vous donne pas 15 jours pour dé-
monter vous-même n'importe quelle pièce,
avec l'entrain d'un vieil ajusteur.

En fait, l'automobile ne demande à son
maître qu'un peu de bonne volonté d'attention et d'adresse. Ne sont-ce pas là des
qualités bien médicales?

La Revue automobile du docteur
Mars 1904.

*La Pitié
aux environs de 1900.*

L'HOPITAL

*Un professeur et ses élèves
à l'Hôtel-Dieu.*

Le stage hospitalier

*Internes, externes et stagiaires s'en vont de lits en lits
à travers les salles, écoutant les leçons des maîtres
dont certains travaillent avec
des gants de soie.*

MUNI de son diplôme de P.C.N. (Physique, Chimie, Sciences Naturelles), voici le jeune homme « immatriculé » à la Faculté. Désormais, et jusqu'à la fin de ses études, toutes ses journées vont invariablement commencer par le même exercice : l'hôpital. Ce « stage hospitalier », qu'on a décidé de porter de 3 à 5 ans, est obligatoire pour tout étudiant – l'externat et l'internat, obtenus au concours, restant toujours facultatifs.

Huit heures du matin. Aux quatre coins de Paris, à la Pitié comme à Lariboisière, à Tenon comme à la Charité, à Bichat comme à Boucicaut, c'est le grand « coup de feu » des hôpitaux. Dans les diverses « consultations », médecine, chirurgie, affections des yeux, de la gorge, de la peau, etc., défile la longue théorie des malades de tout âge, parmi lesquels les consultants font le « tri » délicat de ceux qui doivent être tout de suite admis à l'hôpital, cependant que, dans toutes les salles des vastes établissements, les « chefs » commencent leurs visites ou leurs opérations.

Dans l'un des services, à l'Hôtel-Dieu par exemple, où il a été attiré ce matin-là par la renommée du professeur Dieulafoy – pour choisir, parmi les maîtres, un disparu – notre nouvel étudiant en médecine, gauche et dépaysé comme sont ceux de première année, s'est mêlé à la foule des internes, externes et stagiaires, attendant l'arrivée du « patron »… Justement le voici, grand et grave dans sa

pelisse de boyard : deux bonnes sœurs se précipitent, qui l'habillent de blanc, comme un prêtre à la sacristie. Et l'appel commence.

La plupart des maîtres sont sur ce point intraitables : pour une minute de retard, Dupuytren chassait un élève de son service. M. Huchard se contentait de le secouer vertement. Broca saluait d'une bordée de quolibets les « tard-levés », dont l'un d'eux, particulièrement incorrigible est tout de même devenu le regretté professeur Lannelongue. Quant au sévère Charcot, il n'accorda son estime qu'aux ponctuels, et sans doute il n'avait point tort, puisque ceux-là avaient nom Bouchard, Cornil, Brissaud, Debove, Gilbert Ballet.

Au chevet du malade
la parole du maître

Un coup de cloche : c'est la visite. Notre débutant suit la foule des élèves qui, en gros essaim bourdonnant, se groupe autour du chef et s'en va, de lit en lit, à travers les longues salles de souffrance. Un externe présente chaque malade, l'interne complète son « observation »; et à son tour, le Maître parle…

Du pur hébreu, voilà ce que croit entendre le nouvel auditeur : « Messieurs, disait le professeur Dieulafoy, ne vous arrêtez point seu-

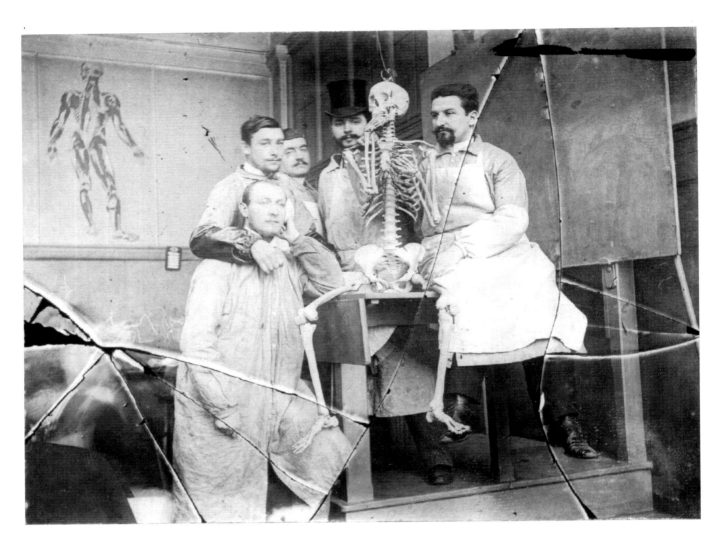

lement au *faciès subictérique* de ce malade. Profitant de son décubitus dorsal, observez que, du haut en bas, il fait de la cachexie latente. Déjà la percussion nous a révélé une *submatité* de ses bases, que l'auscultation a traduite en épanchement séreux... Au reste, voyons la cavité buccale de ce parfait bacillaire... Ma sœur, donnez-moi le *glossocatoche*... » Un « glossocatoche »! Le pauvre « bacillaire » en est tout ahuri, et, non moins que lui, le jeune étudiant... Quel horrible appareil de torture pour cacher un nom si barbare, et que va-t-on faire au patient? Allons, rassurons-nous, voici le fameux glossocatoche, qui n'est qu'un vulgaire « abaisse-langue »... M. Dieulafoy parlait bien, mais il savait trop de grec.

Peu à peu notre novice va se débrouiller : le contact journalier des malades, les conseils des aînés, stagiaires, externes et internes, enfin les leçons du maître, tout cela, complété par l'enseignement de l'école et par les livres qu'il consulte chez lui, va l'initier au métier médical. Bientôt il comprendra ces

mots bizarres, « réflexes exagérés », « râles sous-crépitants », « bruits de galop », qui d'abord l'ont tant surpris; il va apprendre à « percuter », à « ausculter » des poumons et des cœurs, à relever la température des malades, à découvrir les symptômes de leur affection, à en établir le diagnostic, à en suivre le traitement, à faire chaque jour, après la visite du chef, le pansement des blessés, voire les « petites » opérations.

Peu à peu il va savoir aussi le sens précis, que ne lui révèlent point les manuels, de tout ce langage conventionnel où la pitié des savants cache aux malheureux malades la triste réalité de leur état : « bacillose », « spécifique », ou cet étrange synonyme de la table d'autopsie : « Morgagni »... Ainsi, à mesure que le temps va passer, notre « bénévole » de première année sera, dès la deuxième, « stagiaire », puis, s'il a le goût des concours, externe et interne; il changera de service tous les six mois ou tous les ans, tantôt chez un chirurgien, tantôt chez un médecin, tantôt chez un spécialiste, pour devenir, sous la

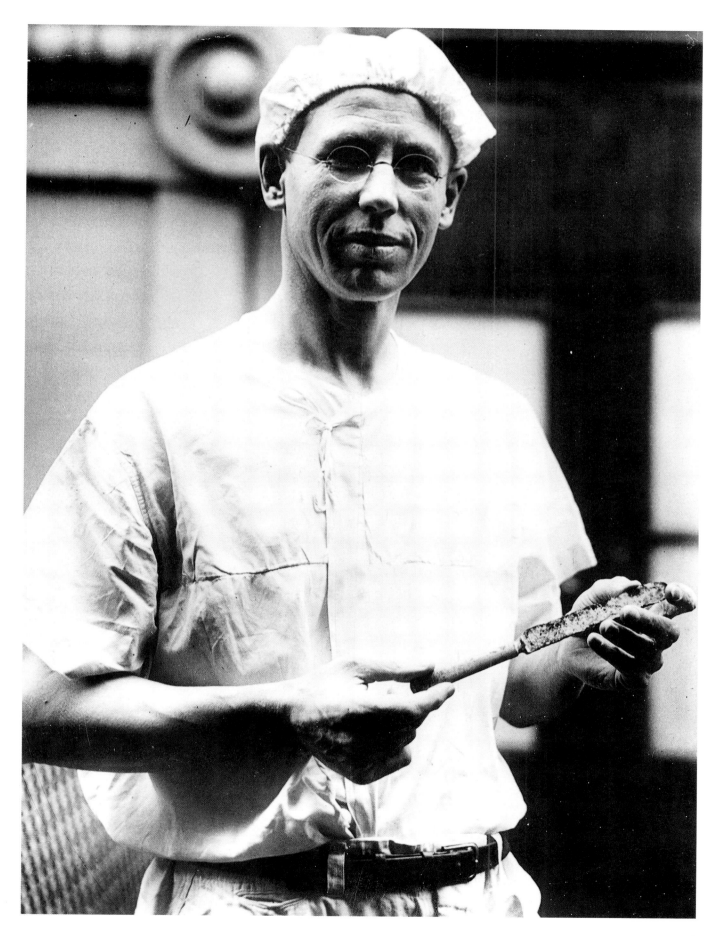

CHICOTOT GEORGES

direction de ses divers chefs, un praticien capable d'exercer à son tour l'art médical.

De ces chefs, dont il conservera toute sa vie la méthode et pour ainsi dire l'empreinte, il apprécie pour l'instant les caractères si divers. Il en est de fantaisistes, comme ce Bocquillon qui, pénétrant dans son service de l'Hôtel-Dieu, s'écriait : « Aujourd'hui, nous allons purger tout le côté gauche de la salle… » Et il y a des mélancoliques comme Grancher, des bourrus comme Terrier, le « bien nommé », ou comme le « père » Desprès, la contradiction faite homme; et aussi des silencieux comme l'éminent Jaccoud, aujourd'hui retraité, qui, dans ses visites, sembla toujours ignorer l'existence de ses élèves… Certains ont leurs petites manies, tel Velpeau qui, farouche ennemi des barbes et moustaches n'avait pour favoris que ceux qui « en » portaient. Et surtout, beaucoup sont gais, spirituels, réputés pour leurs bons mots.

Les virtuoses du bistouri

Voici maintenant le côté le plus brillant du stage à l'hôpital : les opérations. Dès la visite terminée, la grande salle de chirurgie se remplit : on y vient même des services de médecine voisins, voire des autres hôpitaux, si le talent du chirurgien est notoire. Dans l'amphithéâtre tout blanc, où la lumière entre à flots, règne une chaleur que l'odeur d'éther ou de chloroforme rend plus accablante encore. Ici et là, de petits plateaux chargés d'instruments brillants, d'énormes bocaux pleins d'antiseptiques rouges, bleus ou jaunes. Au centre, une table métallique et, dans ses linges blancs, le patient dont les derniers gestes s'endorment sous les vapeurs du stupéfiant… Les aides sont prêts, les bras nus, les mains tendues en l'air, afin d'éviter tout contact « septique »… Et voici le Maître qui s'approche : la mode est passée de Péan, opérant en habit noir et cravate blanche, imposant et magnifiquement impas-

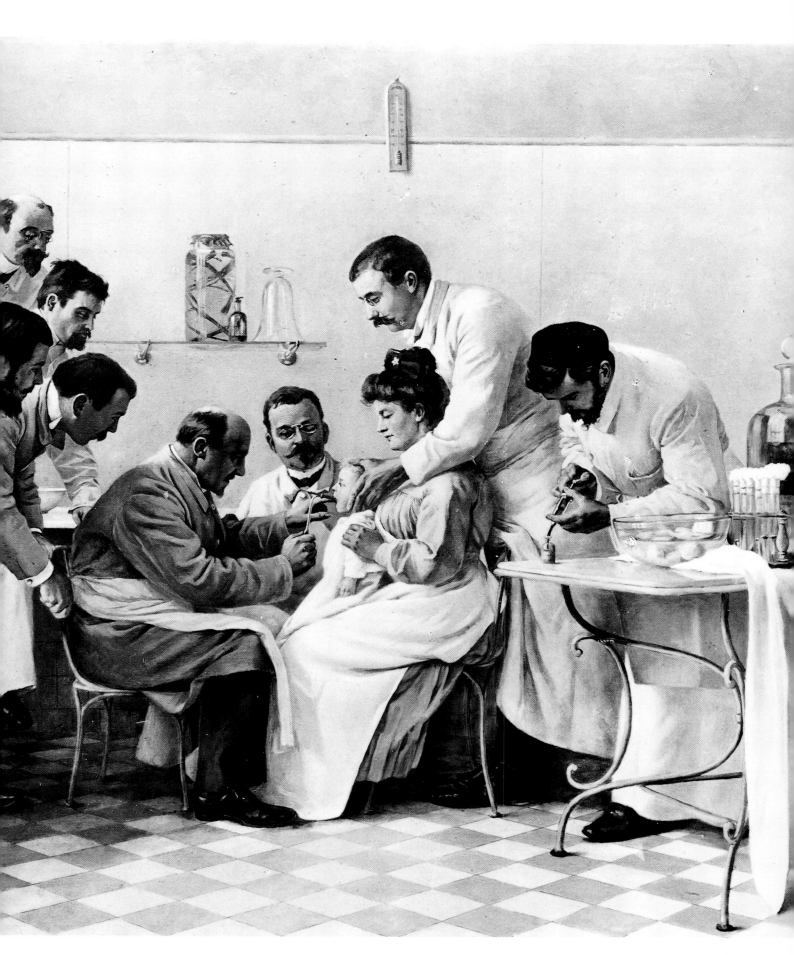

*Le service antirabique
à l'Institut Pasteur.*

sible comme un dieu de l'Olympe… Aujour-
d'hui, l'antisepsie se fait rigoureuse : beaucoup, comme le professeur Peyrot, exigent
que tout le monde change de vêtements
avant d'entrer à la salle d'opérations. Les chirurgiens Chaput et Pozzi portent un bonnet
et travaillent avec des gants de soie ou de
caoutchouc. Plus « modernes » encore, certains, tel M. Doyen dans sa clinique, s'enve-
loppent tout le visage, leurs yeux seuls sor-
tant du masque, à la façon des almées…

Un silence. Sur la masse blanche de
l'opéré, dix, vingt, trente têtes sont penchées,
les regards tendus vers un point que mar-
que un peu de sang. Quelques ordres brefs :
« Epongez… Vite, une pince… Ici, serrez…
Des pinces… La rugine… La curette… Des
fils de suture… C'est fait! »

Quel que soit le « brio » du chirurgien,
l'effort de son intervention, dès qu'il s'est
un peu prolongé, le brise rapidement. Tous
ne peuvent, comme Péan autrefois ou
comme M. Souligoux aujourd'hui, opérer
quatre ou cinq malades de suite. Et c'est
l'exception, enfin, que le vieux Gosselin,
multipliant les boutades durant toute une
opération, ou qu'Abadie terminant les siennes
par… un fragment de « Sigurd » ou de « Salam-
mbô » – ce qui est, après tout, moins touchant que le geste du professeur Labbé,
qui ne quitta jamais un opéré sans l'avoir
embrassé…

Lecture pour tous
Mars 1912.

Une tradition de fêtes extravagantes

*C'est à la salle de garde, domaine sacré des carabins
que se préparent les fameuses fêtes célébrant
la reprise des cours et les concours
de l'internat.*

*Bal d'étudiants
à la salle Bullier en 1919.*

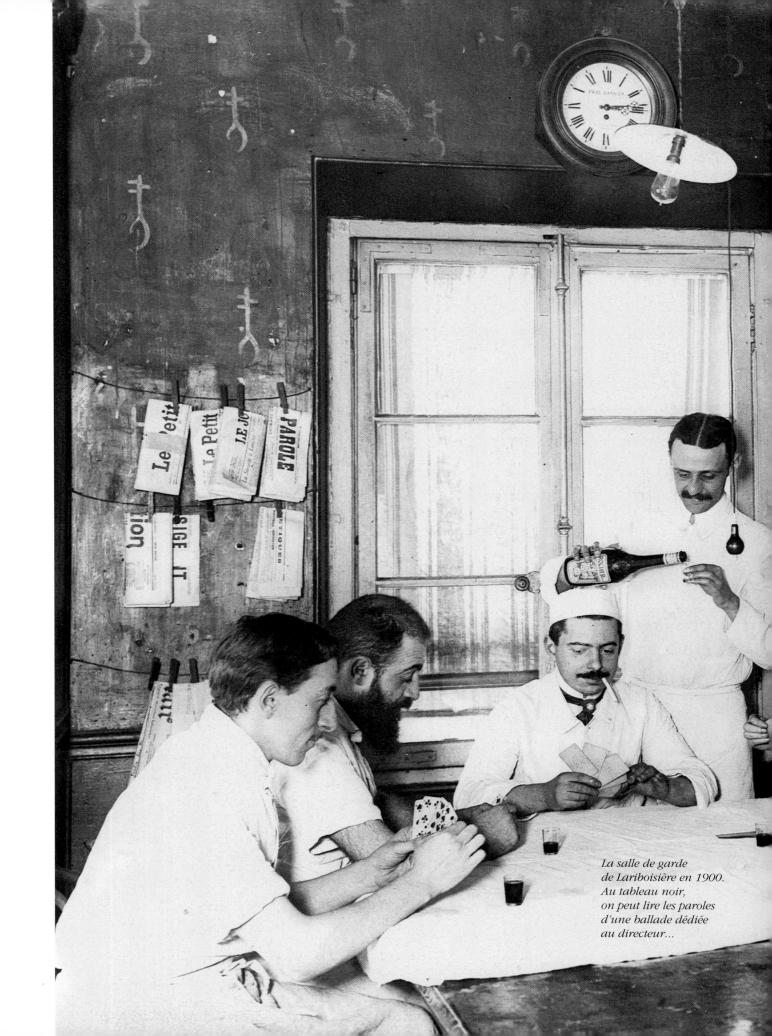

*La salle de garde
de Lariboisière en 1900.
Au tableau noir,
on peut lire les paroles
d'une ballade dédiée
au directeur...*

*Les internes des Enfants
Assistés dans leur royaume
en 1926.*

D'UNE SALLE de garde à l'autre, la gaîté est la même; toutefois chacune a sa physionomie originale, son esprit, ses traditions dont elle est jalouse – ainsi qu'en témoignent son « blason », sa « bannière » et sa devise.

Sur le blason de la Charité, un vapeur fuyant vers la haute mer fait l'éloge de l'humeur vagabonde, et sous la symbolique calotte de velours se déroulent ces mots appropriés : « Honni soit qui mal y panse! »

Splendidement parée, la bannière est le drapeau de l'hôpital, qu'elle suit dans ses sorties funambulesques. Sur celle de Lariboisière, les ailes du Moulin de la Galette tournent éperdument. Bicêtre, dans un joyeux calembour, proclame les bienfaits de la vie intense : « Etre ou bis être! » Vivre double pour être heureux!... Pendant quelque temps les internes d'Andral eurent pour enseigne un énorme crocodile empaillé. Mais la première exhibition fut malheureuse. Crocodile et internes rencontrèrent un agent grincheux, et tout le monde coucha au violon.

Défilés somptueux et grotesques

Une circonstance surtout met en verve tous ces jeunes gens : « c'est le bal costumé qu'on donne chaque année en octobre. Un jury d'anciens internes, « fossiles glorieux », distribue des récompenses à ceux qui ont imaginé le cortège le plus brillant ou le plus facétieux. Et l'on se met en frais. Il y a quelques années, une salle de garde exhiba dans un cortège somptueux plus de 100 000 francs de fourrures, obligeamment prêtées par un commerçant parisien. L'actualité fournit d'heureuses idées. A Broca, on célébra les noces – que l'histoire n'a pas ratifiées – du président Krüger et de la reine Victoria. De joyeux camarades bravent les kilomètres et viennent prendre part à la fête commune. Les internes de Berck-sur-Mer arrivent en authentiques suroîts de pêcheurs, chaussés de lourdes bottes et coiffés du chapeau de toile

huilée. L'hôpital des Enfants-Malades composa naguère un cortège charmant qui eût fait la joie de ses pauvres petits pensionnaires, et mit en action la légende de l'Ogre et du Petit Poucet.

Bien entendu, c'est dans la médecine que la fantaisie des internes puise de préférence ses inspirations. Une année, à la Salpêtrière, ils imaginèrent de porter un costume figurant une coupe anatomique : au son du gong, l'axe cérébro-spinal passa devant les Fossiles. une autre année, à l'Hôtel-Dieu, un char, recouvert d'un immense drap noir lamé d'argent, semblait porter les corps de ceux qui s'étaient abstenus, « morts d'une absence de gaîté! » Un maître des cérémonies, en maillot noir, historié d'un squelette en blanc, ouvrait la marche, et toute la salle de garde suivait en sanglotant.

Une pièce de circonstance

D'une parade à une représentation de théâtre, la transition est facile. A l'hôpital Saint-Louis, c'est l'art dramatique qui est en faveur. Certains soirs, la salle de garde se transforme en théâtre et une représentation est donnée, avec le concours d'actrices de nos scènes parisiennes encadrant les acteurs d'occasion. Un Ier avril, on joua une invraisemblable fantaisie qui est restée célèbre. « Le Roi Sulfur » était, aux termes du programme, une tragi-comédie. Autour de Sulfur évoluaient, dans une action qui échappe à l'analyse, Amidon, confident du roi, et Savon Noir, lieutenant général des armées. Hydrargyre et Iodure de Potassium jouaient les rôles de « généraux en disgrâce et vexés », et les reines portaient ces aimables noms, Frotte et Eczéma. Acné était leur suivante!

Lecture pour tous
Octobre 1906.

Sacrilège : une fresque de la salle de garde est grattée

Les années passent. La charmante insouciance de la jeunesse estudiantine fait place à un souci bien légitime de respectabilité et de sérieux. Petit drame mondain et médical.

LES INTERNES de l'hôpital de la Charité ne sont pas contents. Et pour cause. Les murs de leur salle de garde – dont ils se montrent, à bon droit, fort jaloux – sont décorés, comme dans tous les anciens hôpitaux, de fresques de réelle valeur, auxquelles ils attachent un grand prix; d'abord parce que beaucoup d'entre elles sont signées de noms célèbres, ensuite parce que toutes évoquent quantité de souvenirs.

Les panneaux de cette immense pièce ont été peints par des « rapins » en visite, des camarades de l'Ecole des beaux-arts qui sont aujourd'hui les maîtres de la palette et dont les toiles sont de plus en plus recherchées. L'un d'eux – signé, croyons-nous, Aman-Jean – représente les vertus théologales que, naturellement, préside la Charité; et s'il faut en croire les internes, on en offrit, il y a quelques temps, vingt mille francs à l'Assistance publique… qui refusa de conclure le marché, mais qui, subitement éclairée sur la valeur de l'œuvre, la fit recouvrir d'une glace! Un autre panneau, que nous avons vu, est dû à Gustave Doré. Bref, c'est toute une richesse, que se transmettent pieusement les générations d'autant plus pieusement que la plupart des peintures sont des portraits ou des charges de « carabins ».

Tel grand chirurgien ou médecin connu retrouve ses traits fixés sur le mur, il y a quelque vingt ans, par un débutant aujourd'hui « arrivé », lui aussi. Ce fut le cas pour le docteur M… une des notabilités médicales de Paris. Il était représenté en barque, ayant en face de lui, à la barre du gouvernail, une jeune et gracieuse compagne. De là vint tout le mal.

Car des années ont passé, la charmante fiancée de l'interne est devenue la sévère Mme M… Et dès qu'elle eut appris que la fresque existait encore, elle n'eut plus qu'une idée fixe : faire détruire ce témoignage d'un passé de gaieté et de rire dont ne s'accommode plus sa vie imposante et sérieuse.

Harcelé sans trêve ni merci, le savant docteur M… dut se résigner. Il opéra lui-même.

Muni d'un solide instrument, il se rendit, il y a cinq ou six jours, à la salle de garde, entre six et huit heure du matin, au moment où la « relève » la laisse déserte.

Et le crime fut consommé! En un rien de temps, le panneau fut gratté jusqu'à ce que le mur apparût vierge de toute peinture.

L'émoi fut considérable, comme bien on pense, parmi les internes de la Charité. Le coupable fut tôt découvert, et l'Assistance mit le pauvre docteur en demeure de faire rétablir la fresque, *propriété* de l'Assistance!

Mais voilà où apparaît le chiendent. L'auteur, un de nos artistes les plus appréciés, M. Bellery-Desfontaines, veut bien reconstituer son œuvre; seulement il tient la dragée haute…

Les choses en sont là, et le docteur M… est sous le coup d'une plainte en dégradation de monuments publics! Espérons que tout s'arrangera.

Le Journal du 8 mai 1908.

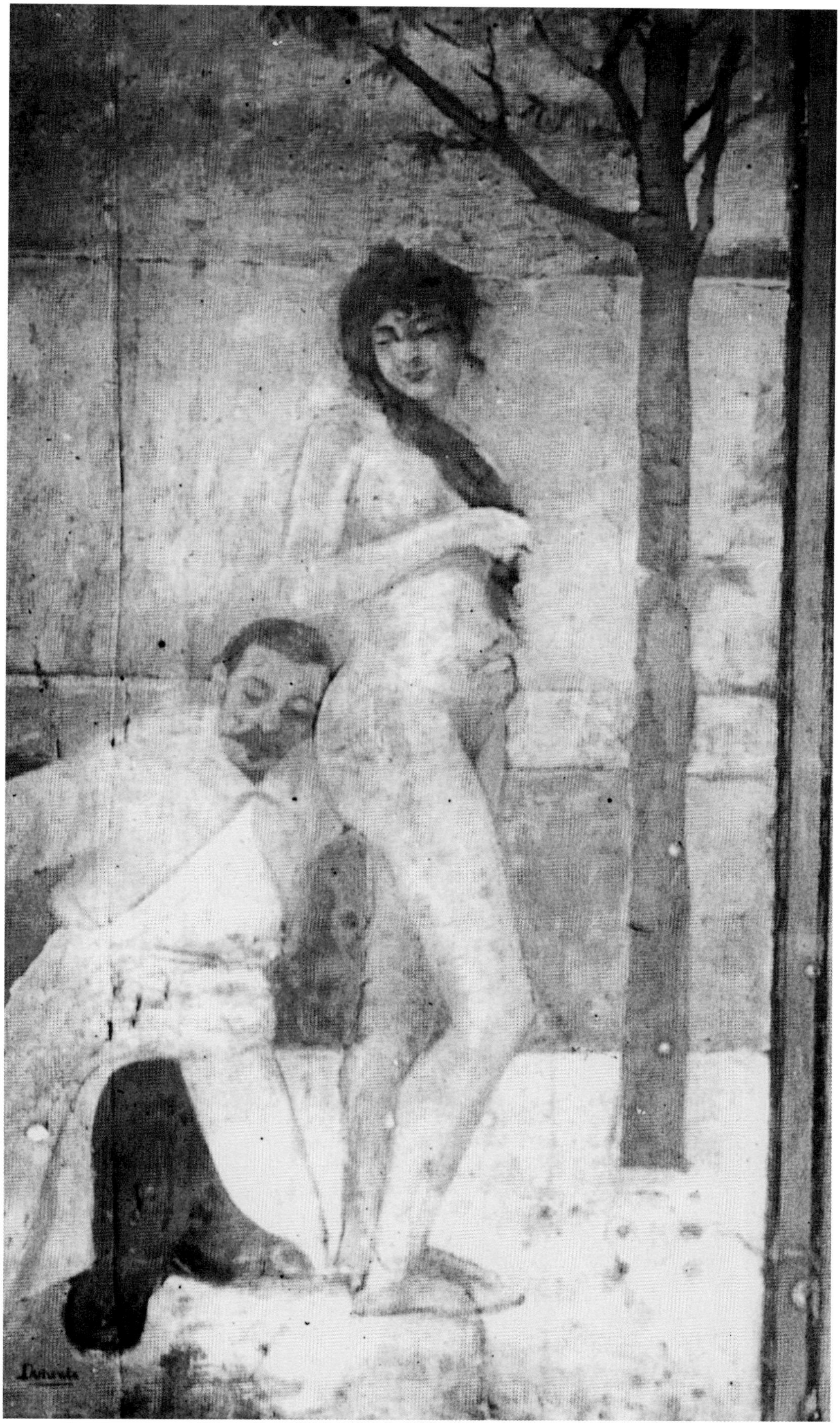

Fresque peinte en 1910
sur les vénérables murs
d'un établissement
de l'Assistance publique.

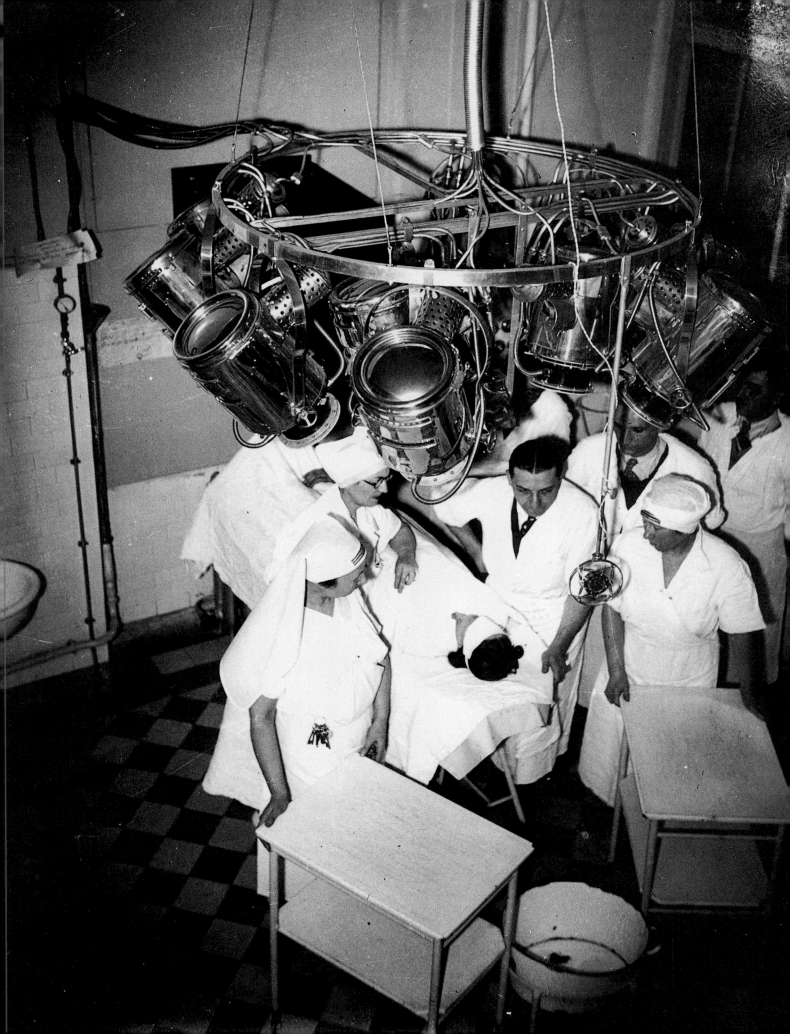

Un nouveau service de chirurgie à Cochin

Il s'agit ici de la réfection du Pavillon Pasteur exclusivement réservé aux femmes, un baraquement en bois. Désormais c'est le service de chirurgie le plus moderne de l'époque.

Pavillon des expectantes, salle Lorain

TOUTE MALADE douteuse, après avoir reçu les soins de propreté nécessaires, est dirigée sur la salle du milieu, *salle Lorain*, destinée aux expectantes. Pendant son séjour dans ce service, elle est mise en observation. Si elle est reconnue aseptique, et qu'elle doive subir une opération, elle est dirigée sur le pavillon des aseptiques, *salle Bichat*. Si elle est déclarée septique, on la dirige aussitôt sur le pavillon des septiques, *salle Richet*. Si elle continue à être douteuse et si l'opération devient nécessaire, elle est alors opérée dans la salle d'opérations annexée à ce service.

Cette salle d'opérations est très sommairement organisée. Elle est munie d'une vasque en grès cérame avec robinets d'eau chaude et d'eau froide, d'un réservoir d'eau filtrée et bouillie, et d'une table d'opérations en bois.

Elle est éclairée, le jour, par une large baie ouverte à l'ouest, le soir par des lampes à gaz, à réflecteurs, et fixées au mur opposé. Elle est chauffée par un poêle en faïence qui s'allume dans la galerie commune. Les enduits des murs sont en plâtre recouvert de peinture. Le sol est carrelé en grès cérame.

On y pratiquera les opérations sur terrain septique, mais jamais n'y entrera un cas de septicémie intense.

A l'entrée de la salle Lorain on trouve, à droite, *une salle de bains* contenant aussi des lavabos, et à gauche, un *vestiaire-lavabo* pour les internes, ainsi qu'une *salle de jour-réfectoire*, pour les malades qui peuvent se lever. Dans cette pièce, on a placé une *bibliothèque* et une *boîte aux lettres*. La *salle de malades* ne présentant aucune disposition spéciale ou nouvelle et étant semblable à celles des autres pavillons, sera décrite plus loin.

Pavillon des suppurantes, salle Richet

Ce pavillon, situé à l'extrémité gauche de la galerie commune, est tout à fait isolé des autres. En avant de la salle, à droite, est une *petite salle d'opérations* avec vasque en grès cérame, eau chaude et froide et fourneaux à gaz. Cette petite salle, fort appréciée pour les services qu'elle rend, sert aux interventions chirurgicales courantes, qui dans les autres services se font ordinairement au lit du malade. Elle est chauffée par un poêle en faïence et tôle s'allumant par le couloir. Les enduits des murs et plafond sont en plâtre recouvert d'un enduit au mastic et d'une peinture au goudron. Le sol est en grès cérame avec gorges en ciment.

En face de cette pièce et ouvrant sur le vestibule de la salle de malades, on trouve

Une salle d'opération en 1935. Cet ancêtre du Scialytique permettait un éclairage très précis du champ opératoire. Notez le micro suspendu destiné aux commentaires du chirurgien.

*Les anciens bâtiments
de Cochin.*

une *salle de bains* contenant également des lavabos, et un petit *réfectoire* servant de *salle de jour* pour les malades qui peuvent se lever. A la suite est la salle commune, qui ne présente aucune disposition bien particulière.

A l'extrémité, et ouvrant sur la salle, sont deux chambres d'isolement pour des malades délirantes ou dont l'odeur pourrait incommoder les autres. Les cloisons de ces chambres sont doublées en briques de liège de 0,06 m posées sur champ. Les portes sont également formées par des caissons en bois remplis de briques de liège posées sur champ. Elles sont munies d'un judas pour la surveillance.

Pavillon des aseptiques, salle Bichat

A l'extrémité droite de la galerie commune est le service des aseptiques.

A droite, en entrant dans le couloir de dégagement, on trouve la *salle d'anesthésie*, à la suite, une pièce pour la *préparation des pansements*, et enfin une autre pièce pour recevoir les *approvisionnements* en solutions et pansements. A gauche, en entrant dans le même couloir, est la *salle des appareils*, et, au fond, la *salle d'opérations*.

La salle d'anesthésie est garnie d'un lit, d'une armoire, d'une table d'anesthésie Herbet et d'un chauffe-linge. Elle est chauffée par un petit poêle à gaz du système Potain, qui ne laisse pénétrer dans la pièce que de l'air pur venant de l'extérieur et qui s'oppose à toute introduction des gaz brûlés. Nous n'avons pas à insister sur l'utilité de la salle d'anesthésie qui est le complément absolument indispensable de toute salle d'opérations, surtout dans des services aussi fréquentés.

La *chambre de préparation des pansements* sert, non à stériliser ces pansements, mais seulement pour les disposer à la stérilisation. On y fabrique cependant quelques-uns d'entre eux. Dans cette salle sont des tablettes en verre, une armoire vitrée fermant à clef et une grande table recouverte d'une glace.

Salle des appareils

Lors de la création des salles d'opérations de l'hôpital Saint-Antoine, salles dont il a été question au cours d'une communication précédente, MM. les chirurgiens avaient désiré voir réunis dans la salle d'opérations même, les appareils de toutes sortes alors en usage. Ils pensaient pouvoir ainsi surveiller plus efficacement leur fonctionnement et leur entretien, aussi avaient-ils rejeté la salle spéciale qui, dans le projet primitif de l'administration, avait été prévue pour recevoir les appareils en question.

Le nombre toujours croissant de ces appareils et la complication des tuyauteries qui en dépendent ont fait par la suite revenir à l'idée première de l'administration, et adopter le principe d'une salle spéciale renfermant lesdits appareils; salle contiguë à la salle d'opérations qui, de cette façon, ne devait plus renfermer que son mobilier particulier et les lavabos et vidoirs ainsi que les robinets y amenant l'eau stérilisée et l'eau bouillie chaude et froide.

Cette salle est destinée spécialement à la stérilisation des instruments et à celle des compresses et tampons-éponges servant aux opérations. Contre le mur de gauche en entrant, est posée une *large tablette en lave émaillée* au-dessus de laquelle est une *botte* pour l'évaporation des gaz et des vapeurs. Au-dessus de cette tablette, une *rampe de gaz* et une *rampe d'eau* sont disposées comme pour les laboratoires de bactériologie.

Sur cette table, on a placé un *large fourneau à gaz* pour l'ébullition des instruments, un *autoclave*, l'*appareil Sorel* (présenté par M. le Dr Quenu, à la Société de chirurgie en 1891) pour la *production de l'eau stérilisée*, un *pulvérisateur* pour projeter sur les murs, avant et après l'opération, de grandes quantités de vapeurs aseptiques.

Au-dessus de cette table, on trouve encore un appareil Sorel (présenté par M. le Dr Quenu, à la Société de chirurgie en 1890) *pour la stérilisation des pansements*. Deux vitrines contiennent les instruments. Ceux destinés aux laparotomies sont enfermés dans une boîte en nickel. Enfin, contre la paroi

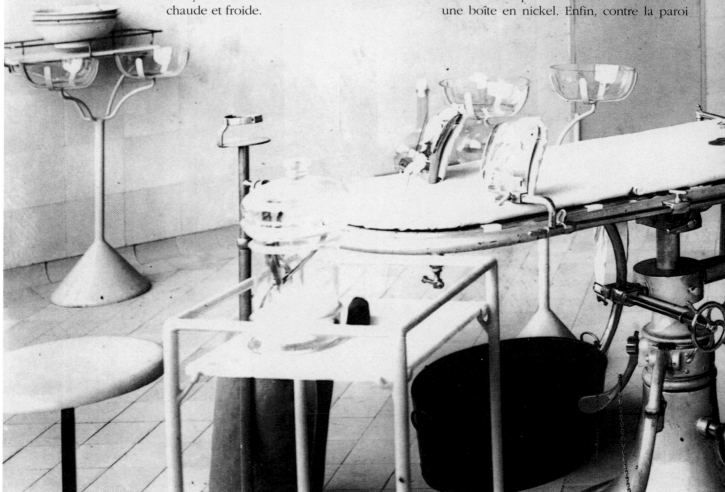

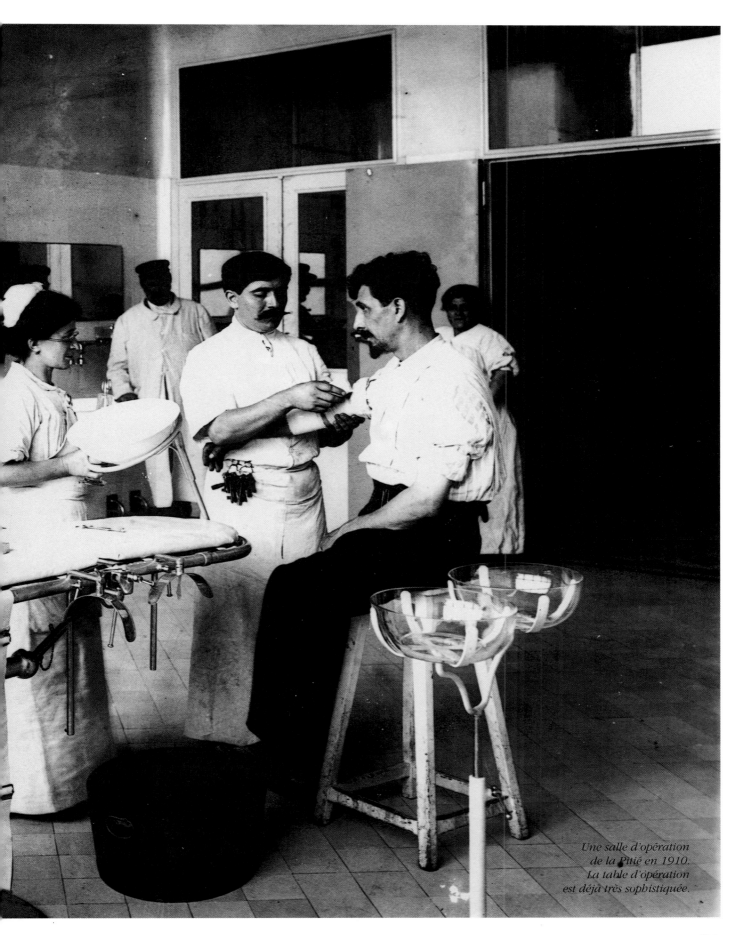

*Une salle d'opération
de la Pitié en 1910.
La table d'opération
est déjà très sophistiquée.*

105

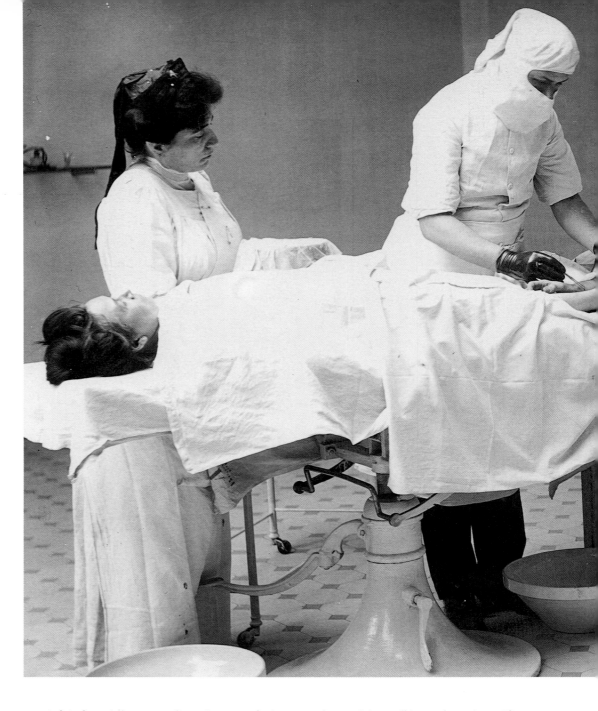

qui fait face à la porte d'entrée, sont fixés tous les réservoirs, chaudières, conduites de gaz et d'eau, en plomb et en cuivre, destinés à l'alimentation en *eau bouillie, chaude* ou *froide, postes d'eau, lavabos* ou *vidoirs* de la salle d'opérations.

Salle d'opérations

Cette salle est munie de trois vasques en grès cérame avec siphons. Au-dessus de chaque vasque est un *robinet mélangeur* donnant à volonté, soit en jet, soit par l'intermédiaire d'une pomme d'arrosoir, de l'eau chaude, froide ou mitigée. (Ces appa-

reils ont été installés par la maison *Flicoteaux et Cie*).

L'éclairage diurne est assuré, à l'ouest par un grand châssis vertical et au nord par deux croisées en fer ouvrant en dehors sans crémones ni ferrures apparentes. La vitrerie est en verre anglais translucide.

Le plafond de cette salle est en outre vitré sur la plus grande partie de sa surface et laisse passer la lumière provenant d'un châssis incliné, établi sur la toiture. Dans le vide compris entre ce châssis et le vitrage du plafond sont disposées six lampes à gaz avec réflecteurs, qui s'allument de la salle même par l'électricité au moyen d'une manette spéciale. De cette façon, on évite tous les inconvénients des appareils à gaz brûlant à

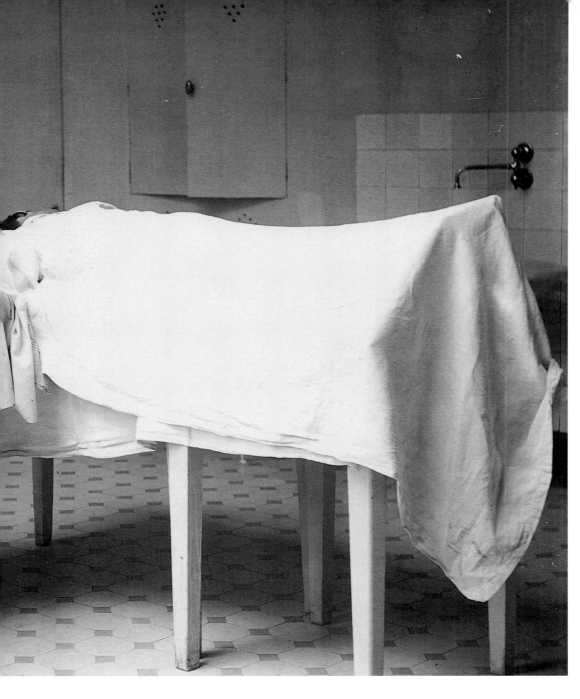

Une transfusion sanguine peu après la Première Guerre mondiale.

feu nu dans une pièce. Il suffit de nettoyer le plafond vitré une fois par semaine. Pour cela on y accède par une échelle placée dans la salle de dépôt des pansements.

Les eaux de lavage s'écoulent par la bonde dans un tuyau débouchant à l'air libre, à 0,20 m au-dessus du sol extérieur et à proximité de la canalisation générale.

Le mobilier de cette salle se compose de trois tabourets en bois à dessus perforé et de deux tables roulantes formées chacune par deux montants cylindriques nickelés supportant à la partie inférieure une tablette de verre et au-dessus une plaque en lave émaillée. Les murs et plafonds de toutes les pièces de ce service sont enduits en plâtre et recouverts d'une peinture claire sur enduit

au mastic. Quelques vitraux de couleurs, placés dans les portes, contribuent à la gaieté de l'ensemble. Pour la salle d'opérations, la peinture empoyée est à base de goudron. Les sols sont carrelés en grès cérame avec gorges en grès pour la salle d'opérations seulement et gorges en ciment pour les dépendances. Dans la salle d'opérations, au-dessus des gorges, un revêtement en carreaux de grès cérame forme une frise imperméable à la partie basse des murs.

Bulletin de la Société des médecines publiques, 1894.

L'Hôtel-Dieu en 1890. Description.

Le docteur Chaput dénonce les conditions de travail des chirurgiens parisiens. Il réclame à grands cris de l'hygiène, des outils appropriés, la lumière électrique dans les amphithéâtres, etc.

UNE INSTITUTION, d'ailleurs tout à fait inutile, fonctionne d'une manière ridicule, c'est le Bureau central.

Il est établi au nouvel Hôtel-Dieu, dans un local étroit, sombre et d'une saleté repoussante. Comme instruments, on n'y trouve que ceux d'une trousse rudimentaire. Je n'y ai jamais fait ni laissé faire une incision d'abcès tant le milieu est malpropre et mal organisé au point de vue de l'antiseptie

La salle d'examen au spéculum est étonnante. On y trouve pour tout meuble, une fontaine vide d'eau sans savon ni serviette, une table à spéculum des plus antiques, et un pot de vaseline merveilleux. Il contient 4 à 500 grammes de vaseline. C'est une vieille boîte de conserve en fer-blanc, sans couvercle, exposée à la poussière et dans laquelle ont trempé les doigts de plusieurs générations. Quant à l'instrumentation gynécologique, je l'apprécierai d'un mot : on n'y trouve même pas d'injecteur pour lavages antiseptiques du vagin.

Jamais non plus cette pièce n'a possédé une bouteille de sublimé.

Il existe enfin une dernière salle où se trouve un lit pour examiner un malade couché. Jamais vous n'avez vu pareille ordure. Sur une paillasse à enveloppe pisseuse, est étendue une toile de caoutchouc qui n'a jamais été lavée et qu'on recouvre d'une alèse généralement dégoûtante.

J'ai eu un jour la curiosité de regarder sous la paillasse; j'y ai trouvé : de vieilles savates, un torchon sale, un vieux pantalon, une ceinture de gymnastique, un vieux fichu de laine, un gilet[1].

Dans la même pièce, on trouve une armoire dont le contenu fait rêver : deux éponges sales, des paquets de vieux imprimés, un peigne, une boîte en fer-blanc contenant de la vaseline rance, trois bouteilles vides, un brancard portatif, un morceau de pain, du fromage, une culotte, un balai à pot de chambre, un entonnoir, un bouchon de carafe, un vieux bas, une brosse à ongles, une casquette, une blouse, deux pantalons d'infirmier, trois encriers, des bottines, une savate, une brosse de chiendent, deux enveloppes à linge sale, un plumeau, une balayette, un ciseau de menuisier, une brosse à frottter et un litre de vin. Je terminerai cette édifiante énumération par un tour de dentiste égaré dans ce magasin de brocanteur.

C'est en effet dans ce local dégoûtant que se fait à certains jours la consultation des dents et celle des oreilles.

Le service du chirurgien du Bureau central consiste à recevoir des malades peu urgents pour les hôpitaux et à indiquer les

---

1. Tous ces détails et ceux qui vont suivre sont absolument authentiques, je les ai pris en note en septembre dernier, en présence des externes et de plusieurs infirmiers. C'était le lendemain d'un jour où l'on avait nettoyé.

pansements à faire à des malheureux, porteurs de plaies, qui ne peuvent être reçus à l'hôpital, entre autres ces horribles ulcères de jambe dont la vue seule provoque le dégoût.

Sait-on qui les soigne ces misérables? Ce sont deux pauvres vieilles sœurs de l'Hôtel-Dieu qui chaque jour pansent 150 malades, avec un dévouement qu'on ne saurait exiger du corps médical qui s'y refuserait, ni des infirmiers qui exploiteraient ces pauvres diables. D'ailleurs le local des sœurs est tellement étroit, que les misérables sont obligés,

s'ils sont un peu nombreux, d'attendre mélancoliquement sous la pluie leur tour de pansement… – Pendant ce temps, par la porte grande ouverte de la salle de garde des pharmaciens, on entend, ironie suprême, le piano qui joue une valse, ou quelque voix vibrante qui détaille une chanson d'amour!…

DR CHAPUT
Les Réformes urgentes en chirurgie à Paris
Librairie médicale Berthier, 1890

*Le service
du docteur Parmentier
à l'Hôtel-Dieu en 1921.*

Une opération avant l'anesthésie

*Le grand chirurgien Broca, aidé de son père
et d'un autre praticien opère à la Pitié
un jeune garçon d'une tumeur
au cou.*

Un bruit de pas nombreux. C'est Broca avec son état-major d'internes reconnaissables à leurs tabliers d'hôpital. Il est de plus accompagné de deux personnages : un vieillard légèrement ankylosé et ratatiné par l'âge, c'est M. Broca père qui, médecin lui-même, suit chaque matin la clinique de son fils comme le plus fidèle de ses élèves. L'autre personnage, quoique moins âgé, a néanmoins les cheveux d'un blanc de neige, il est serré dans une redingote noire cambrée à la taille : c'est le patron L..., le fils d'un illustre chirurgien des armées. Chirurgien militaire lui-même, il avait vu beaucoup de ces tumeurs du cou chez les soldats du temps où ils portaient ces énormes faux-cols de cuir et de carton qui, tout en gênant les mouvements, entravaient la circulation et engendraient des engorgements ganglionnaires.

Broca passe la revue de la boîte à instruments : un oubli serait fatal, mortel peut-être, il faut prévoir toutes les complications possibles. C'est bien, tout y est. Il recouvre la boîte de son linge, s'approche du lit et lui-même y étend une alèse... Tout insignifiant qu'il soit, le premier acte de l'opération fait impression; c'est que tous ces petits détails convergent l'un après l'autre vers la scène fatale, c'est que d'un moment à l'autre va paraître le pauvre garçon.

Broca indique la place à chacun des aides et distribue les rôles.

Tout à coup, sans qu'on l'ait envoyé chercher, je vois entrer le petit malade. On ne sait pas qu'il est là, on ne s'occupe pas de lui. A-t-il vu les instruments que l'un des internes vient de découvrir?

Il est nu-tête, vêtu seulement d'un pantalon noir et de la camisole d'hôpital par-dessus sa chemise.

Tout le monde est en place.

Le premier interne, à chevelure épaisse et frisée, est à droite du lit: au chevet, debout sur une chaise, le père du chirurgien; à gauche la tête argentée et le profil sculptural du baron L...; Broca à côté du baron, en face de l'interne. Il a quitté sa calotte polygonale de velours bleu, il retrousse les manches de son paletot, un jeune chirurgien des hôpitaux est entre le baron et l'opérateur; en tout quatre médecins, sans parler de ceux qui sont simples assistants.

Pendant ce temps, le malade quitte tranquillement sa camisole. Avec sa chemise toute ouverte sur sa poitrine et son cou nu, il nous fait vraiment l'effet d'un condamné. Son visage ne laisse pourtant voir aucune émotion et il n'a nullement l'air anxieux et quelquefois effaré de certains pauvres diables à l'amphithéâtre. Au lieu de regarder de droite et de gauche avec inquiétude, il regarde simplement vers le groupe qui lui cache le lit, pour comprendre quand on voudra qu'il approche.

On lui fait signe, les rangs s'écartent et les voilà qui s'avance vers la torture.

On avait étendu sur le carreau devant le lit un drap blanc; lorsqu'il mit le pied sur ce drap, je ne sais pourquoi, je fermai les yeux par un mouvement de défaillance.

– Monte là-dessus, mon garçon, lui dit le chirurgien en lui montrant le lit.

La façon naturelle et insouciante dont il grimpa, me remit un peu. Il ne manifestait pas plus d'émotion que s'il s'agissait simplement de se coucher pour dormir.

– Ote tes souliers, continua le docteur, et il ôta tranquillement sa chaussure. Alors on le fit étendre tout de son long.

L'interne qui était en face de l'opérateur s'empara du bras droit, le jeune chirurgien des hôpitaux du bras gauche, et tandis que deux internes saisissaient les pieds, Broca l'attirait un peu au bord du lit, en lui faisant tourner la tête droite, de façon à mettre la région malade dans la position la plus favorable pour opérer.

La position prise, l'opérateur, pour ne pas effrayer le jeune malade, s'adressant du regard au baron L…, indiqua par signe ce qu'il allait faire.

Je ne saurais dire combien cette mimique était terrible dans son silence.

Le baron approuva en inclinant sa tête argentée, et un interne placé à côté du frère du chirurgien, qui tenait les éponges toutes prêtes dans un des bassins de cuivre, mit la main sur le front du pauvre garçon pour le maintenir.

Un des élèves présente le bistouri. Broca d'un dernier coup d'œil de général en chef regarde si tout le monde est à son rôle, puis, dans le voisinage de la clavicule, il enfonce la pointe du bistouri et rapidement, en décrivant une courbe, il dirige l'incision jusque vers l'oreille tandis que le sang déborde le sillon nacré que l'acier trace dans le derme.

Quelqu'habitué que l'on puisse être à ces drames de la chirurgie, le premier coup de bistouri fait toujours sensation.

Mon émotion fut atroce, et non seulement

*Un amphithéâtre
à Lariboisière.
A cette époque,
l'anesthésie est
déjà pratiquée.*

je lisais la même impression sur presque tous les visages, mais je vis quelques-uns des assistants partir précipitamment, entre autres le médecin à moustache militaire; lui, il y mit pourtant un certain temps; après s'être levé, il tourna autour de la galerie, puis enfin il disparut, sentant que décidément il ne pourrait supporter un tel spectacle.

Lorsqu'il sentit pénétrer la lame du bistouri, le malade essaya d'abord de se contenir, mais la douleur ne faisant que progresser, le pauvre garçon ne put bientôt retenir ses plaintes, et de loin en loin, des exclamations de douleur.

C'est qu'aussi c'était bien terrible : le chirurgien soulevant le lambeau de peau avec une pince le séparait des chairs.

Lorsqu'il s'agit d'un chloroformé, bien qu'on sache que le chloroforme endort la sensibilité, on éprouve néanmoins une certaine émotion, surtout lorsque l'on voit le patient s'agiter, sa physionomie se contracter, les yeux s'entr'ouvrir et qu'on l'entend pousser des cris inarticulés; mais lorsqu'il s'agit d'un patient non chloroformé, qui sent chaque morsure du bistouri détachant ses chairs, qui pousse des gémissements et des cris conscients, lorsque sans répit, sans rémission, sans allégrement possible, il faut que le chirurgien continue impassiblement la torture, ce spectacle atroce vous étouffe et l'on se détourne et l'on cache sa tête dans ses mains pour échapper à cette angoisse.

Une fois les chairs ouvertes, pour ne pas léser les artères avec le bistouri, l'opérateur avulse à la force du poignet.

Dans ces tiraillements horribles, l'enfant veut se débattre, mais les mains tenaces des aides se resserrent sur ses membres et il est immobilisé comme s'il était rivé sur un chevalet.

Tandis que le chirurgien tire de toutes ses forces pour entraîner les parties enchatonnées dans les tissus vivants, le baron L..., sans qu'un muscle tressaille sur son visage marmoréen, s'acquitte consciencieusement, flegmatiquement de son rôle d'auxiliaire. Lorsque le sang en fumant venait à jaillir

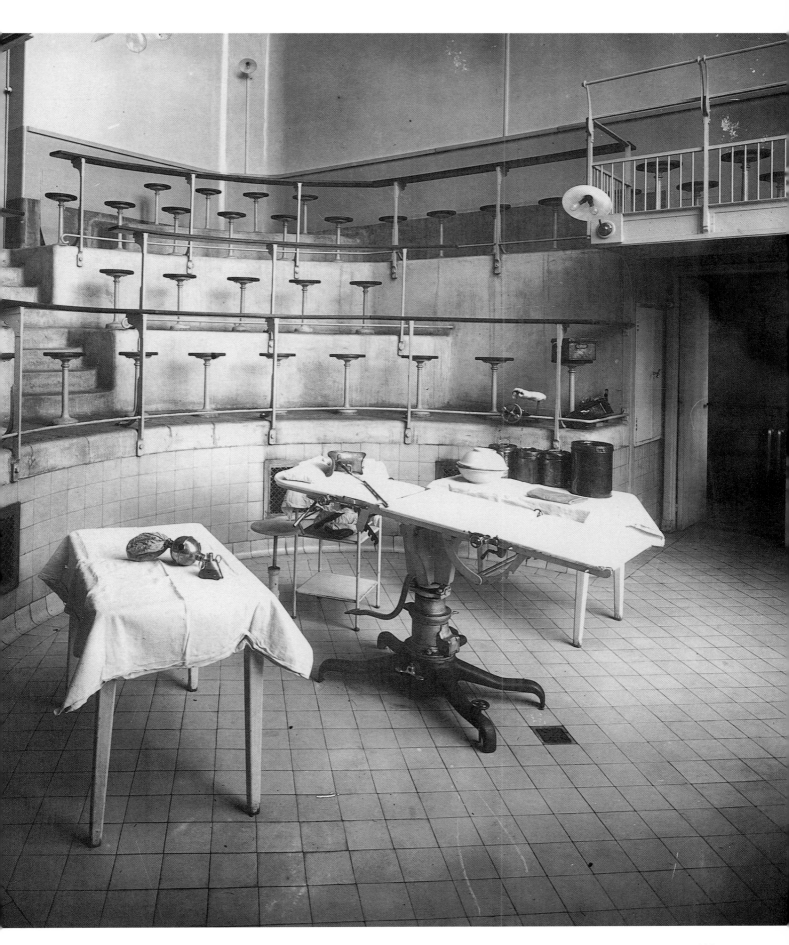

Le chirurgien Broca père.

d'une artériole, c'était lui qui étanchait et essuyait avec une éponge fine pour que l'opérateur pût continuer.

Broca, ordinairement pâle, était rouge des efforts qu'il lui fallait faire, la sueur coulait de son front à larges gouttes qui lui roulaient sur le visage et de temps en temps, prenant par-dessous son tablier d'hôpital avec les deux mains ensanglantées, il s'essuyait à pleine figure.

– Va, mon garçon, cela avance, faisait-il, essayant de soutenir par une parole encourageante les forces du petit malade.

Lorsqu'il vit que l'enfant était à bout et que lui-même aussi avait besoin d'un moment de repos : veux-tu te reposer, fit-il.

– Oh! oui, monsieur Broca, répondit le jeune garçon.

Il était tout barbouillé de sang, car les mains qui le maintenaient en serrant les éponges étaient elles-mêmes ensanglantées.

L'infirmier versa du vin de la tasse bleue dans le verre et on l'offrit au patient, mais c'est à peine s'il y trempa les lèvres.

Cette première partie de l'opération avait duré trente-cinq minutes et approximativement Broca évaluait qu'il n'en avait fait que la moitié.

Sous son apparente impassibilité professionnelle, il n'avait pu complètement maîtriser en commençant le premier moment d'émotion, et il était devenu plus pâle.

Bien qu'il eût antérieurement exploré la tumeur autant que cela avait été humainement possible, il redoutait que cet énorme paquet de tissus ne fût tellement adhérent aux veines et aux artères qu'il lui fût impossible d'opérer sans ouvrir les vaisseaux eux-mêmes. Heureusement il n'en avait pas été ainsi jusqu'alors, et il avait pu, au contraire, opérer dans des conditions favorables.

Il lui restait encore un bien mauvais pas à franchir. La carotide, l'artère la plus importante du cou, dont l'incision peut subitement déterminer la mort, dont la ligature elle-même présente un si grand danger que jusqu'à ces dernières années on la croyait sûrement mor-

telle, la carotide était enchâssée dans un paquet de tissu morbide qu'il fallait enlever coûte que coûte.

Le patient s'étendit de nouveau, de nouveau les aides s'emparèrent de ses quatre membres, l'opération recommença et aussi les plaintes du pauvre enfant.

Toujours continuation du même procédé, toujours même supplice à l'état aigu.

Cette monotonie qui, semble-t-il, aurait dû émousser l'intérêt, atteignait au contraire par sa progression le paroxysme du poignant.

Les cris du malade étaient plus fréquents, plus plaintifs, on sentait manifestement qu'il s'épuisait et que la continuité de l'atroce douleur ne faisait qu'aviver de plus en plus la sensibilité exaspérée.

Il se remit à parler le patois de son pays.

– *Hé là, que farsi you, mon Diou*, criait-il d'une voix lamentable.

– *O Moussu Broca, layssa mi repousa un pâou*, reprenait-il, implorant un répit pour ces tortures intolérables.

– Je t'en prie, mon petit ami, un peu de

courage, répondait le chirurgien, tu seras bien content lorsque ce sera fini… et moi aussi, ajoutait le bon docteur, le visage trempé de sueur.

– Maintenant, à la carotide, dit-il en prenant un temps. C'était un des moments les plus graves de l'opération, personne ne soufflait mot; on n'entendait que les soupirs du patient et de loin en loin le choc des bassins de cuivre.

– Passez-moi un autre bistouri, celui-là ne coupe pas, reprit l'opérateur. Il venait de reconnaître l'impossibilité d'arracher de nouvelles parcelles de la tumeur sans disséquer la carotide

– *Hé là, moussu Broca, Layssa mi repousa in paou*, je vous prie, en grâce, puis voyant que cette prière ne servait à rien :

– *Perdou, moussu Broca, perdou…* criait-il d'une voix déchirante, comme les petits enfants qui s'imaginent que la souffrance est toujours un châtiment et qu'il cessera quand ils auront demandé pardon.

Mais on ne pouvait s'arrêter, c'eût été

Aucune information sur ces frères siamois. C'est le docteur Doyen qui, pour la première fois en 1902, osa séparer deux petites indiennes liées par la poitrine et le ventre.

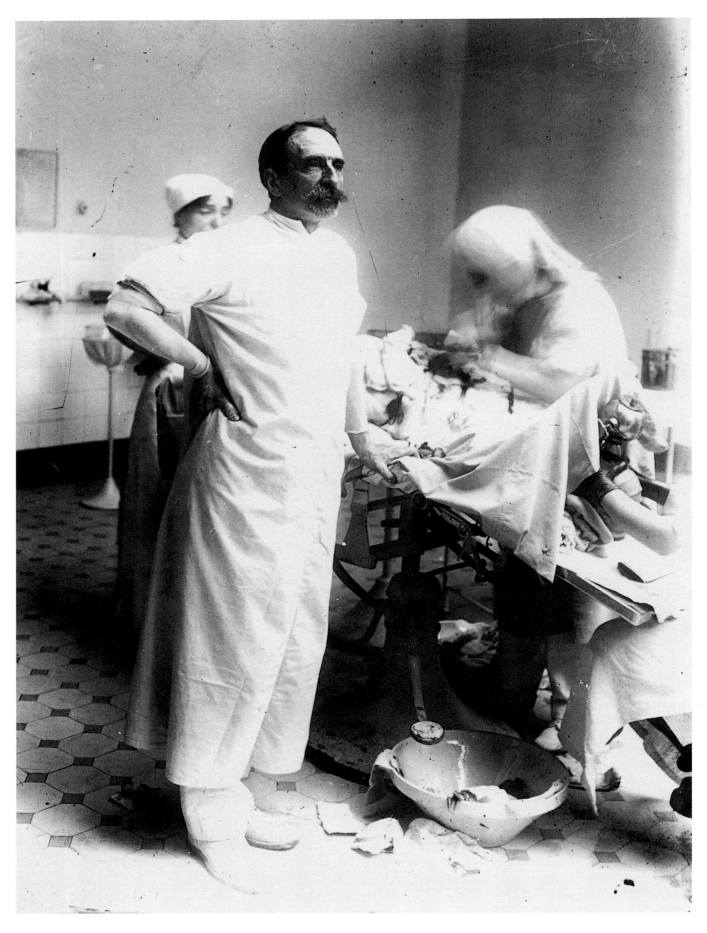

Pause au cours
d'une longue intervention.
Le patient est sous anesthésie.

vouloir prolonger cette séance de douleur déjà si terriblement longue.

Je craignais que le chirurgien, à bout de forces lui-même, ne finît par être obligé de tout abandonner.

Toujours du sang...

Toujours des plaintes...

Toujours des cris...

Je n'avais encore jamais assisté à une opération de si longue durée.

Enfin pourtant, après que le malade eût bien crié, bien supplié le chirurgien déclara au patient que son supplice touchait à la fin.

– Ça va être fini, va, lui faisait-il avec un vrai sentiment de satisfaction. Le petit malheureux cessa aussitôt ses plaintes.

Seulement, vois-tu, ajoutait Broca avec bonhomie, il faut me permettre de passer tout cela en revue pour voir si je n'ai rien oublié.

Le praticien épongeait, scrutait, sondait tous les coins et recoins de la plaie béante et, au plus profond il dénichait encore quelques racines du mal et il fallait bien extirper à fond pour ne pas laisser le moindre élément de récidive.

Alors, le petit malheureux crut qu'on le trompait et qu'une troisième reprise commençait; il ne voulait plus rien croire, il poussait des cris de fureur, il se débattait violemment, on avait toutes les peines du monde à le maintenir.

Il y a une fin à tout pourtant, et, au bout d'une ou deux minutes, le dernier fragment de ganglion était radicalement extirpé, et les cris de l'enfant s'arrêtaient aussi.

De la tête aux cuisses, il était littéralement inondé de sang, ses cheveux s'étaient dressés, son front s'était plissé; ses yeux assombris étaient hagards, sa chemise roulée en corde autour de ses reins par les mouvements de reptation qu'il avait faits en se débattant était mouillée et rouge comme si on l'avait plongée dans un bain de sang.

On voulut encore lui faire boire un peu de vin, mais il refusa, et cette fois repoussa le verre avec humeur.

On l'épongea de nouveau, on le lava et ensuite on procéda au pansement; on introduisit de la charpie imbibée d'alcool pur dans les profondeurs de la plaie vive. Ce fut encore très douloureux.

Lorsqu'il fût assis sur son séant, vêtu d'une chemise blanche qu'il avait passée sans trop manifester de souffrance :

– Regarde, lui dit le chirurgien en lui présentant la bassine pleine de sa chair. Il regarda ses débris ensanglantés sans sourciller, sans rien dire.

Son courage revenait peu à peu, et sa physionomie, maintenant qu'il était bien persuadé que tout était terminé, petit à petit se rassérénait.

On ne pouvait prévoir quel serait le résultat plastique de l'opération. Les tampons de charpie figuraient encore les gibbosités de la tumeur et la joue gauche, dans la région de la commissure des lèvres, paraissait un peu abaissée.

Cette si grave opération n'avait pu être pratiquée sans léser quelques filets nerveux.

– As-tu trouvé le vin bon, lui demanda le grand praticien pour savoir si l'organe de la parole était resté intact.

– Oui, monsieur Broca, répondit l'enfant par complaisance, car il l'avait à peine goûté, ce vin.

N'importe, l'épreuve était suffisante, il n'y avait pas eu lésion des filets nerveux, présidant au fonctionnement de la parole.

– Peux-tu rire? reprit le docteur.

L'enfant rit sans trop se faire prier.

– Ce n'est pas tout encore, peux-tu siffler?

Vainement le petit opéré réunit les lèvres qu'il arrondit en cône, il lui était impossible de faire entendre quoi que ce soit qui ressemblât à un sifflement. Cela tenait à ce qu'un rameau du nerf facial avait été coupé probablement.

– Allons, dit le docteur, tu ne ferais pas un merle de premier ordre, c'est égal, ajouta-t-il en lui frappant amicalement dans la main, je suis content de toi, tu es un solide petit bonhomme.

Puis le brave docteur alla se laver les mains gaiement, malgré l'énorme dépense d'énergie physique et morale qu'il venait de faire, ensuite il reconduisit le baron L. qu'il remercia très cordialement.

Pendant ce temps l'enfant, revêtu de sa chemise et de son pantalon, était assis sur le bord du lit, les jambes pendantes. Son insouciance agreste était revenue, on eut quelque peine à lui faire attendre le brancard qui allait venir pour l'emporter dans son lit. Si l'on n'avait insisté, il aurait mis pied à terre et serait tout tranquillement revenu à son numéro 30.

Néanmoins, comme je lui demandais : eh bien! as-tu beaucoup souffert?

– Oh oui, me répondit-il, beaucoup!

– Si c'était à refaire, recommencerais-tu?

– Jamais! s'exclama-t-il avec épouvante, j'aimerais mieux mourir.

Quelles tortures n'avait-il donc pas endurées, puisque même maintenant il aurait préféré la mort.

Trois jours après je retournais à la Pitié revoir le petit malade. J'entre salle Saint-Jean et me dirige vers le 30.

Le lit était vide…

– Qu'est devenu le 30, demandai-je à l'homme aux sept coups de couteau.

– Il est mort ce matin, me répondit-il.

– Pauvre enfant, pensai-je, c'était bien la peine d'avoir supporté un si long supplice.

– Qu'est-il donc survenu? demandai-je.

Il était presque mort lorsque hier soir on l'a apporté, la roue de la voiture l'avait à peu près coupé en deux.

– De qui parlez-vous donc?

– Mais du trente, du charretier d'hier soir.

– Moi je vous parle de l'apprenti jardinier.

– Ah! mais non, il n'est pas mort lui, j'ai confondu. En le rapportant de l'opération on l'a mis là, à côté, salle Saint-Louis, parce qu'il paraît que c'est plus sain.

Je courus salle Saint-Louis, et droit en rentrant au milieu de la file de lits je reconnus de loin le jeune malade. Il était couché sur le flanc droit; du côté gauche du cou bombait en relief la bandage du pansement.

L'enfant était sombre, impatient. Cette souffrance qu'il avait cru ne pas devoir se prolonger après l'opération, le torturait toujours.

On l'entourait de tous les soins, de toutes les précautions qui pouvaient combattre les suites graves d'une aussi dangereuse mutilation.

La salle où on l'avait transporté était moins encombrée de malades, mieux aérée. Au chevet du lit, donnant sur les grands jardins, était une large fenêtre par laquelle pénétrait la lumière tiède du soleil de mai, le frais parfum de la verdure et des fleurs.

C'était Broca lui-même qui s'occupait du pansement. Dans ces chairs à vif, il faisait des injections d'alcool pur. Malgré toute la douceur qu'on pouvait y mettre, c'était cinq minutes de vraie torture pour le pauvre petit malade.

– Oh là, Monsieur Broca, faisait-il en geignant, lorsque la douleur était trop cuisante, et il cherchait à éloigner son cou de l'instrument d'injection.

Parfois on était contraint d'employer de longues pinces pour extraire la charpie adhérente au fond des chairs.

Presque tous ceux qui s'approchaient et voyaient cette plaie si grave secouaient la tête d'un air de tristesse en disant tout bas : Ça ne va pas.

Le petit malade, lui, tout en souffrant beaucoup ne se rendait nullement compte de la gravité de son état, il regimbait contre le mal, il demandait à se lever.

– Non, mon garçon, non, lui répondait le chirurgien avec un air de profond intérêt et de pitié qui semblait dire : Si tu savais, mon pauvre enfant, comme ta vie est en danger! tu n'aurais certainement nulle envie de te lever!

Huit jours plus tard l'état du jeune malade n'avait fait qu'empirer.

Il faisait peine à voir, étendu tout de guingois, pour ne pas se coucher du côté malade, il était morne, abattu, affaissé, accablé par la fièvre.

Le visage était plombé et terreux. De

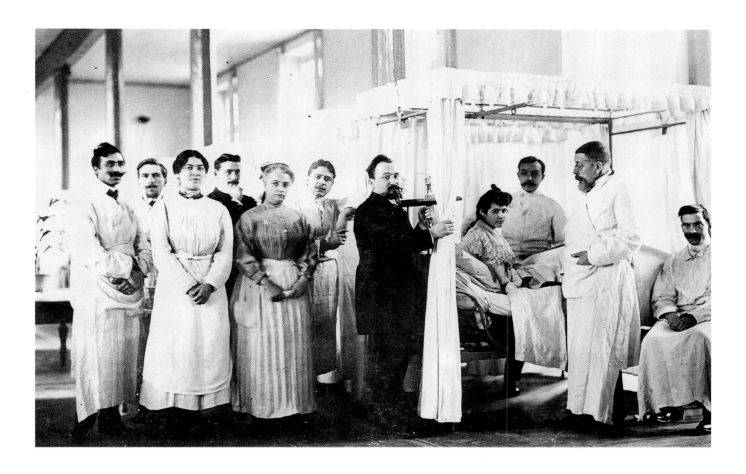

temps en temps on l'entendait geindre; plus d'impatiences maintenant, l'épuisement de la fièvre l'avait aplati.

La joue et tout le cou jusqu'à l'épaule étaient presque aussi tuméfiés qu'avant l'ulcération.

La plaie était hideuse, repoussante : il fallait, pour oser approcher, avoir l'intrépidité du médecin.

On lui disait tout haut que cela allait bien, mais derrière lui, en silence on hochait la tête et l'on pensait qu'il était perdu.

On était aussi attristé pour le docteur Broca, que l'on voyait inquiet et silencieux.

Je ne pus de plusieurs jours retourner à la Pitié. Lorsque cela me fut possible, je n'espérais pas retrouver l'opéré vivant. Son visage terreux et plombé m'étais resté comme un sinistre pronostic, et je croyais même avoir vu une teinte jaune paille, indice redoutable d'infection purulente. Je me dirigeai néanmoins vers la salle Saint-Jean, j'y entrai lentement, tristement, à peu près sûr de trouver le lit du pauvre enfant occupé par un autre malade… j'avance. je regarde… Quel n'est pas mon étonnement? Non seulement il vit, notre jeune garçon, mais on voit cette

fois qu'il est définitivement hors de danger. Il est convalescent, quelle joie! Sa vivace jeunesse a fait reculer la mort. Son visage rayonnant a repris ses couleurs fraîches, son œil noir a recouvré son assurance gaie.

Il se lève, il mange comme un homme. La tuméfaction de la plaie s'efface, la cicatrisation commence, et le coin gauche de la bouche qui était abaissé par suite de la section des filets nerveux, a repris sa symétrie naturelle.

C'est avec une figure épanouie maintenant que, à la visite, Broca s'approche de son petit malade. Ils sourient tous deux, l'enfant de reconnaissance et de respectueuse affection pour celui qui l'a sauvé, l'éminent praticien de la satisfaction, bien méritée, d'avoir arraché son petit ami à une mort certaine.

Plus tard je revis le jeune opéré, la cicatrisation s'était achevée sans tuméfaction, sans difformité.

C'était un succès complet, indiscutable. Broca n'eut qu'à se louer d'avoir pris sur lui l'héroïque responsabilité de cette terrible opération.

La Chronique Médicale, 1895.

H.MEYER

Le grand Péan
opère en habit

*Il était d'une habileté diabolique. Il bouleversa la technique
routinière et timorée de son époque. Il osa et réussit
plusieurs grandes premières chirurgicales.
Péan raconte ici ses débuts dans
l'ablation des kystes
de l'ovaire.*

MES DEUX années d'internat chez Nélaton et le zèle qu'il m'avait vu mettre au service de sa clinique m'avaient déjà gagné sa confiance et son amitié, lorsque le soin de publier la deuxième édition de son livre me fit entrer plus avant encore dans son intimité. Dès cette époque – et il en fut ainsi jusqu'à sa mort – il me prit comme aide dans toutes ses grandes opérations.

Jobert était alors le chirurgien en titre de l'Empereur. L'Impératrice qui appréciait beaucoup Nélaton désirait vivement le voir adjoindre à Jobert, dont on pouvait déjà, ne fût-ce qu'en suivant sa clinique, prévoir la triste fin. Elle trouva bientôt une occasion de le mettre en évidence aux yeux de Napoléon III en lui confiant le traitement d'une parente atteinte d'un kyste aréolaire de l'ovaire. Nélaton appliqua au traitement de ce kyste le seul traitement admis alors en France, le seul officiel, celui en dehors duquel on risquait d'être qualifié d'assassin. On fit des ponctions. Bien entendu, le liquide se reproduisait, et le kyste ne guérissait pas; la malade finit par succomber. Or, pour satisfaire au désir de l'Empereur, Nélaton était obligé d'aller voir la malade trois fois par jour, et après chaque visite de télégraphier les nouvelles au souverain; et cela dura six mois. Mon maître, dont cet assujettissement gênait horriblement le train de vie, put s'apercevoir que tout n'est pas rose dans le

métier de médecin de roi. Il ne pouvait plus en effet quitter Paris pour des opérations en province, et faire son service d'hôpital, ni même suivre régulièrement sa grande clientèle de la ville, et j'eus la bonne fortune de le suppléer un peu partout, y compris à sa clinique. Nélaton n'en resta pas moins impuissant en face de ce kyste assujettissant. Il avait trouvé le temps long et la thérapeutique usuelle singulièrement désespérante. Ce fut dans ces circonstances et dans cet état d'esprit qu'il entendit parler d'une opération que Backer-Brown venait, dans un cas semblable, de pratiquer avec succès sur sa propre sœur en Angleterre, opération qui avait inspiré au Dr Jules Worms une excellente thèse. Nélaton se rendit alors en Angleterre pour s'édifier sur place; il en revint convaincu et nous rapportant les pièces de deux autres kystes ovariens enlevés également avec succès par le même Backer-Brown.

Peu de temps après je l'assistais dans sa première ovariotomie. Nous allâmes la faire à la campagne, à Saint-Germain ou à Neuilly, afin d'éviter l'action néfaste de l'air de Paris. Nélaton croyait, en effet, comme presque tous les chirurgiens de l'époque, que la raison des échecs de l'opération césarienne devait être recherchée dans l'air de la capitale; et comme l'ovariotomie lui paraissait comparable, au point de vue de la gravité,

123

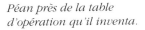

*Péan près de la table
d'opération qu'il inventa.*

à l'opération césarienne, il était tout indiqué, comme bien vous pensez, de ne pas risquer l'essai dans Paris. L'opération fut habilement faite, sans prendre, cependant une précaution que j'estimais nécessaire, à savoir d'empêcher le sang de l'incision de tomber dans le péritoine. D'autre part, Nélaton considéra toujours comme inutile la toilette du péritoine. Je ne puis attribuer qu'à l'oubli de ces deux précautions l'issue fatale de cette première tentative, car toutes les autres précautions avaient été prises. La malade mourut de péritonite. »

Nélaton avait obtenu de l'Assistance Publique l'aménagement d'une petite maison située hors des fortifications, à Meudon, en lisière de la forêt, et qui fut installée pour opérer. Il fit scrupuleusement tout ce qu'il avait vu faire en Angleterre, fit construire une pince à poche de kyste, prit toutes les précautions et pourtant le petit hôpital fut le théâtre de véritables désastres. La première malade mourut; il opéra seize malades et, dit J.-L. Faure : « les voisins épouvantés virent sortir successivement seize cercueils de cet endroit maudit qu'ils appelaient la maison du crime. Toutes les opérées avaient succombé. Car nous comprenons aujourd'hui que si Nélaton avait apporté dans cette tentative l'invincible espérance et une sorte de sombre et fanatique énergie, il avait apporté en même temps ses mains empoisonnées, et tout un matériel opératoire pénétré de germes de mort. » Sous la pression de l'opinion publique, la population risquant de s'ameuter, l'Administration dut fermer la maison de santé. Nélaton, malgré son habileté et les exemples qu'il avait suivis en Angleterre, n'avait pu réussir.

« Je reviens aux débuts de l'ovariotomie à Paris. Leur histoire – dans laquelle je crois avoir joué un certain rôle – n'est pas très connue, et cependant il s'en dégage un grand enseignement, à savoir qu'il ne faut jamais croire à l'arrêt du progrès et ne pas trop se presser de condamner ceux qui vont un peu de l'avant. Je vous disais, je crois,

*Pendant longtemps,
les tables d'opération
furent de simples
meubles en bois.*

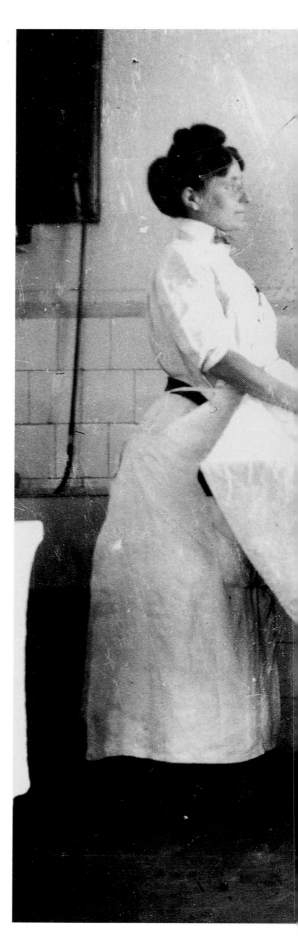

que mes premières ovariotomies n'appartenaient pas précisément à ce qu'on appelait
alors le faubourg Saint-Germain. Cela n'en
valut que mieux pour l'opération et pour moi.

Je me souviens que ma première opérée
– qui guérit, quoique son cas fût peut-être
le plus grave de tous ceux que j'ai rencontrés depuis, était une Italienne. Sa guérison
renversa littéralement mon maître Denonvilliers. Ce ne fût pas, comme vous devez le
supposez à cause des difficultés opératoires
que je rencontrai, et parce que nous étions à
Paris; ce fut surtout à cause de la nationalité
de la malade. Denonvilliers professait, en
effet, comme beaucoup d'autres, que si l'ovariotomie réussissait assez bien en Angleterre,
cela tenait à la vigueur de la race anglo-
saxonne. « Il en sera peut-être de même, me
disait-il, en Amérique, parce qu'on se trou-
vera dans des conditions assez analogues de
race et de tempérament, mais on échouera
toujours, je le crois, avec les races latines.
Vous commencez à Paris, et par une italienne.
Elle est sûre de son affaire.

Je me suis demandé bien souvent, et dès
cette époque, pourquoi Nélaton qui opérait
si bien, que je considérais comme beaucoup
plus habile que moi, perdait un si grand nombre de ses malades alors que je sauvais presque toutes les miennes. Aujourd'hui comme
alors, le fait paraît s'expliquer uniquement par
deux raisons.

Et tout d'abord, le manque de soins consécutifs. On s'en préoccupait excessivement
peu, Messieurs, au temps dont je vous parle,
et les meilleurs chirurgiens croyaient qu'ils
avaient rempli toute leur tâche, ou à peu
près, quand l'opération était terminée. Les
soins consécutifs étaient négligés ou confiés
à des personnes inexpérimentées et peu soi-
gneuses, même après les interventions les
plus graves. Nélaton, je l'avoue, pensait et
faisait à peu près comme les autres sur ce
point. Il ne songeait même pas à m'en char-
ger. Et puis, débordé comme il l'était par la
clientèle, il était bien forcé de compter avec
son temps. Outre que je n'avais pas, pour

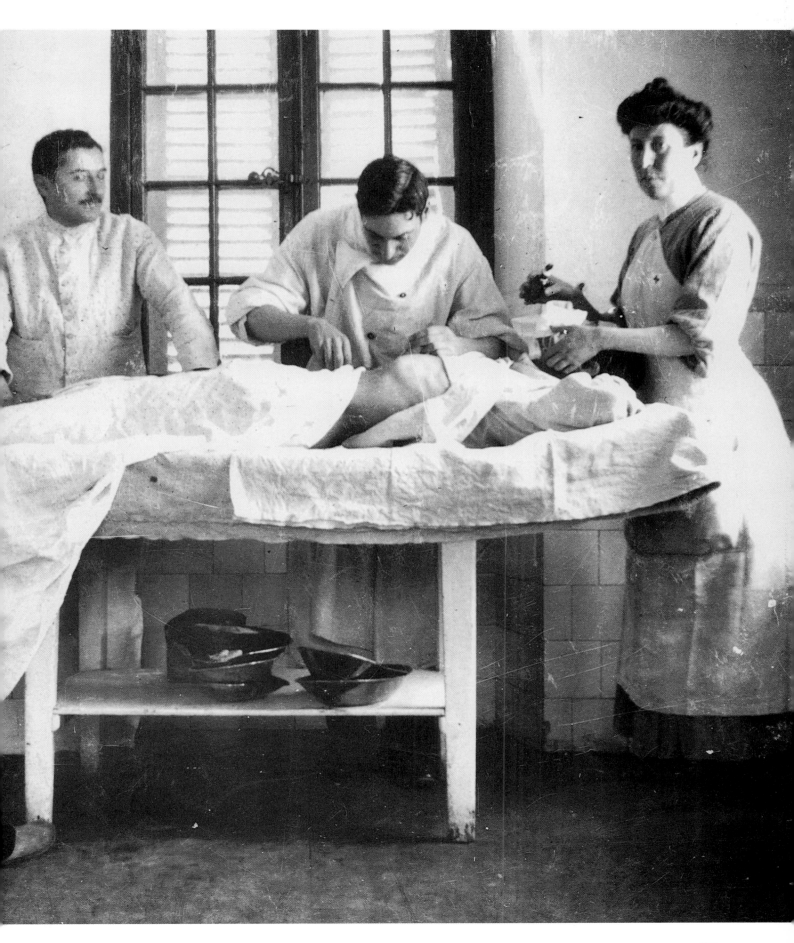

agir de même, un empêchement de ce genre, j'avais pris l'habitude, comme je vous l'ai dit, étant interne chez Nélaton, de ne confier à personne les soins consécutifs à donner aux grands opérés. Il va de soi que je redoublais de précautions pour mes ovariotomisées. Je ne les quittais ni jour ni nuit, jusqu'à ce que tout danger fût passé. Je les surveillais d'autant plus qu'elles appartenaient toutes à la classe pauvre ou peu aisée, qu'elles habitaient Paris, – et dans les mauvais quartiers – et qu'il y avait là tout un ensemble de circonstances défavorables. Les gens riches ne risquaient guère alors cette opération, et ceux qui s'y décidaient ne seraient pas venus me trouver.

Une autre raison explique pour moi les insuccès relatifs de Nélaton. Je vous ai raconté que, faute d'aides, j'avais été amené, quand je faisais des expériences de physiologie à mes élèves, à Saint-Louis, à remplacer presque toutes les ligatures par le pincement des vaisseaux, et que j'avais en outre remarqué la tolérance parfaite des animaux pour les ligatures métalliques perdues qu'il était facile de rendre aseptiques. Je transportais ces deux procédés de l'animal à l'homme et avec un plein succès. Or, Nélaton ne pinçait pas ses vaisseaux.

En 1864, je fis donc, en plein Paris, aux Batignolles, et sur une malade mourante, ma première ovariotomie. Je n'en ai jamais fait de plus grave depuis.

La chambre, que l'opérée habita pendant toute la durée du traitement, et dans laquelle l'opération avait été pratiquée, était petite; elle avait à peine trois mètres sur trois mètres cinquante; elle était exposée à l'ouest, au deuxième étage, sur une rue aérée, c'est vrai, mais très bruyante; elle n'avait qu'une fenêtre et était contiguë à la seule chambre qui, avec elle, constituait tout l'appartement de cette famille, chambre dans laquelle couchaient cinq enfants et où l'on séchait le linge nécessaire à la malade.

Or, contrairement à toute attente, j'eus un succès. Naturellement, ce fut pour moi un

enorme encouragement, et dans l'année qui suivit j'opérai plusieurs autres kystes ovariens;

Il y avait à peu près un an que je faisais des ovariotomies sans oser les publier, lorsque je fus nommé chirurgien des hôpitaux. C'était enfin la vie matérielle assurée. Et puis je me trouvais couvert par mon nouveau titre, alors que précédemment je ne l'étais que par l'ombre de mon maître, Nélaton. Ce n'était même pas trop d'être chirurgien des hôpitaux et d'être soutenu par un homme dans la situation de Nélaton pour s'engager à fond, comme je le faisais dans l'ovariotomie, et tâcher d'y engager les autres.

Le fait suivant nous montrera jusqu'à quel point allait la répulsion des plus grands chirurgiens pour l'ovariotomie. Remplaçant Velpeau – en même temps que Denonvilliers – à la Charité, comme chirurgien du bureau central, je fis entrer avec intention chez Velpeau, trois malades, de seize à vingt et un ans, ayant des kystes aréolaires de l'ovaire, mais néanmoins très vigoureuses. Je supposais que des cas pareils lui forceraient la main, tant ils se présentaient dans de bonnes conditions. Aussi m'étais-je bien gardé de les opérer pendant ma suppléance. Lorsque Velpeau reprit le service, je le priai de bien vouloir me dire ce qu'il comptait faire. Je lui fis observer avec toute la déférence voulue que ces trois jeunes filles m'étaient particulièrement recommandées, qu'il n'y avait rien à attendre de la ponction, que je n'avais pas voulu les opérer pendant son absence, mais que s'il estimait qu'il n'y avait qu'à les laisser mourir alors je les opérerais moi-même.

Mis ainsi au pied du mur – et devant ses élèves – Velpeau avoua que l'ovariotomie était en effet rationnelle dans l'espèce, que c'était la seule ressource, et il m'affirma qu'il était décidé à la faire. Comme j'avais toujours la suppléance de Denonvilliers, dans le service voisin, je ne manquais pas de suivre la visite de Velpeau après avoir fait la mienne et chaque jour je lui rappelais sa promesse. Il remettait toujours au lendemain, évidemment parce qu'il n'osait pas prendre le bis-

touri. Deux semaines se passèrent ainsi, et deux des trois malades moururent dans la même journée. J'avoue que je ne pus m'empêcher de manifester assez vivement à Velpeau ce que je ressentais. Visiblement embarrassé, il m'affirma qu'il opérerait sûrement le lendemain la troisième malade; mais il recula encore. Huit jours après elle succombait à son tour. Les trois autopsies furent faites devant moi. Dans les trois cas, comme je l'avais présumé, il s'agissait de kystes simples et sans adhérences.

Je m'imaginais que la leçon servirait à Velpeau. Il n'en est pas moins mort sans avoir voulu faire une seule ovariotomie.

JULES PEAN
L'ovariotomie.

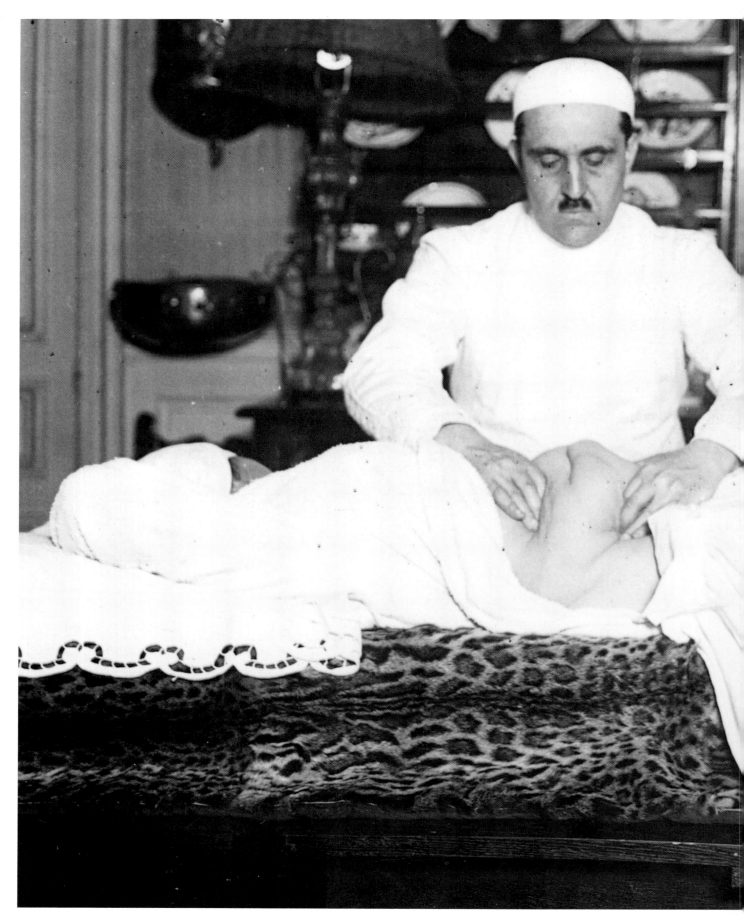

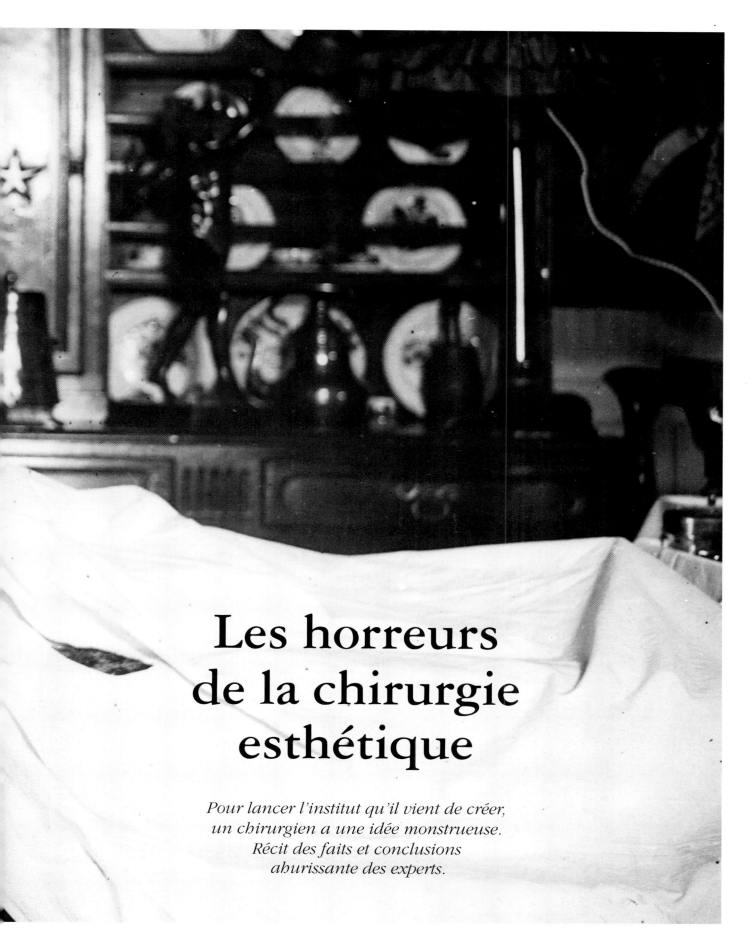

Les horreurs de la chirurgie esthétique

Pour lancer l'institut qu'il vient de créer,
un chirurgien a une idée monstrueuse.
Récit des faits et conclusions
ahurissante des experts.

*Une femme de 82 ans
avant son opération.*

Une miséreuse peut-elle louer son corps pour des expériences de chirurgie esthétique?

LA COUR d'appel de Lyon vient de rendre – 28 juin 1913 – un arrêt qui traduit une intéressante orientation de la jurisprudence dans une curieuse affaire dont voici le résumé d'après *Dépêche de Lyon* :

En 1908, le docteur X…, chirurgien lyonnais, prétendit avoir trouvé une nouvelle méthode de chirurgie esthétique. Il voulait rajeunir ceux qui avaient eu à subir les outrages des ans; son procédé : l'ablation des parties de la peau distendue par l'âge. Mais, pour faire connaître sa méthode et obtenir le succès prodigieux qu'il en attendait, il fallait trouver un sujet sur qui, à son aise, il pourrait faire ses expériences. Il le trouva en la personne de Mme R…, malheureuse femme qui, pour une somme modeste, 300 francs, accepta de subir toutes les opérations que le chirurgien jugerait utiles et une convention fut signée en juillet 1908.

De suite le docteur X… commença ses expériences, qui portèrent sur l'œil, le cou et le sein. Mais, comme il fallait un terme de comparaison, le rajeunissement ne fut opéré que du côté droit, le côté gauche servant de témoin. Ces opérations furent particulièrement douloureuses, puisque le chirurgien fut obligé d'anesthésier complètement sa

cliente, et cela sept fois de suite, Mme R… fut ensuite menée à Paris, au Congrès de Chirurgie d'octobre novembre 1908. Le docteur X… l'exhiba devant des médecins, des artistes, des messieurs, des demi-mondaines, etc., etc.

A cette foule avide de jeunesse, les expériences ne semblèrent pas concluantes, et, malgré une habile réclame, le malheureux docteur ne reçut pas un seul client, pas une seule cliente, à l'Institut de Chirurgie esthétique qu'il avait créé.

Après ce piteux résultat, le docteur X… comprit qu'il n'avait plus besoin de son sujet, et, sans autre forme de procès, mit Mme R… à la porte de sa clinique.

Mécontente d'un procédé aussi cavalier, Mme R… assigna alors le docteur X… en paiement de dommages-intérêts en réparation du préjudice subi.

Le tribunal nomma trois experts. Ce furent, bien entendu, trois médecins, et de plus, trois professeurs à la Faculté. Leurs conclusions furent que Mme R… n'avait subi aucun préjudice, qu'elle n'avait eu à subir aucun dommage, ni matériel, ni moral, de ces opérations.

Sur ce rapport et bien que Mme R… ait plaidé l'immoralité de la convention qui la liait au docteur X…, le Tribunal rejeta sa demande et la condamna aux dépens. De ce jugement Mme R… fit appel.

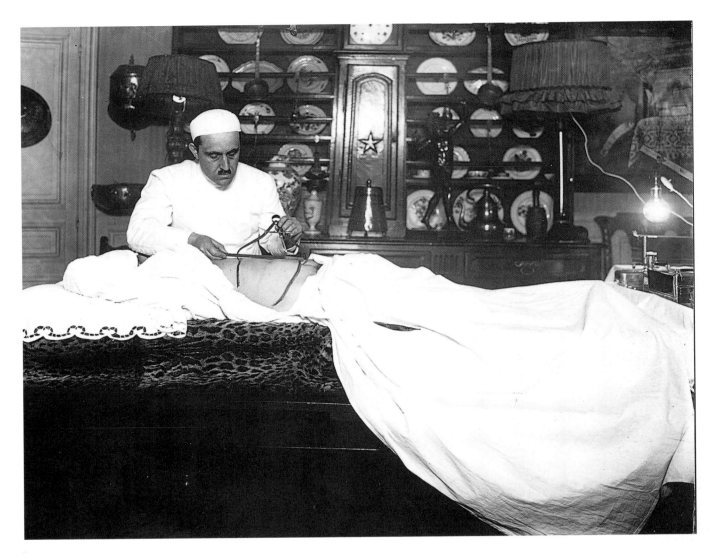

*Le docteur B.,
qui opère chez lui,
dans sa salle à manger,
délimite à l'encre bleue
la zone à inciser.*

*Page de droite :
Le chirurgien a stocké
la graisse superflue
d'une patiente
dans sa soupière.*

L'affaire revint devant la première chambre de la Cour d'appel de Lyon.

Mme R... faisait plaider l'immoralité de la convention passée entre sa cliente et le docteur X... La Cour dans son arrêt, annule la convention.

« Attendu, est-il dit, que l'on doit considérer comme illicite et contraire aux bonnes mœurs cette convention qui avait uniquement pour objet des pratiques de vivisection sur une femme âgée et besogneuse, qu'une telle convention ne saurait être admise comme compatible avec la dignité humaine, alors que, par l'appât d'un gain des plus minimes, l'appelante se déterminait à trafiquer de son corps et à le faire servir à des expériences inutiles pour elle, sinon dangereuses, qui n'étaient entreprises qu'en vue du profit que leur auteur escomptait. »

Cette convention annulée, la Cour examine alors la question du préjudice en ces termes : « Attendu qu'il y a lieu d'envisager un autre élément de préjudice..., qu'il résulte des constatations auxquelles la Cour a pu elle-même procéder d'après l'examen des photographies non contestées, que les opérations réalisées par le docteur X... sur le sein droit de la dame R... loin de lui donner la « forme globale de la jeunesse » n'ont abouti qu'à un pitoyable résultat, et que pour arriver à remonter le mamelon au sommet d'un organe fléchissant sans appel, le praticien n'a fait qu'ajouter aux flétrissures de l'âge des cicatrices et des gaufrures d'un répugnant effet ».

La Cour, en fin de cause, condamne le docteur X... à payer à Mme R... une somme de cinq cent francs à titre de dommages-intérêts; le docteur X... est en outre condamné en tous les dépens.

*Archives d'Anthropologie
Criminelle, 1914.*

Ci-contre :
Le médecin séducteur
à fine moustache
et regard lourd.

Page de droite :
Le collège de jeunes
infirmières sexy.

L'infirmière dévouée
et très sentimentale,
trop sentimentale.

Die letzte Brücke
EIN FILM VON HELMUT KÄUTNER
MARIA SCHELL · BERNHARD WICKI ·
BARBARA RÜTTING · CARL MÖHNER
EIN COSMOPOL-FILM DER COLUMBIA

Médecins et infirmières de cinéma

A l'écran, les infirmières amoureuses du chirurgien de l'hôpital
(en général, déjà marié), ne se comptent plus.
Quant aux médecins, tous les types ont été
représentés depuis les plus admirables
jusqu'aux plus sinistres crapules

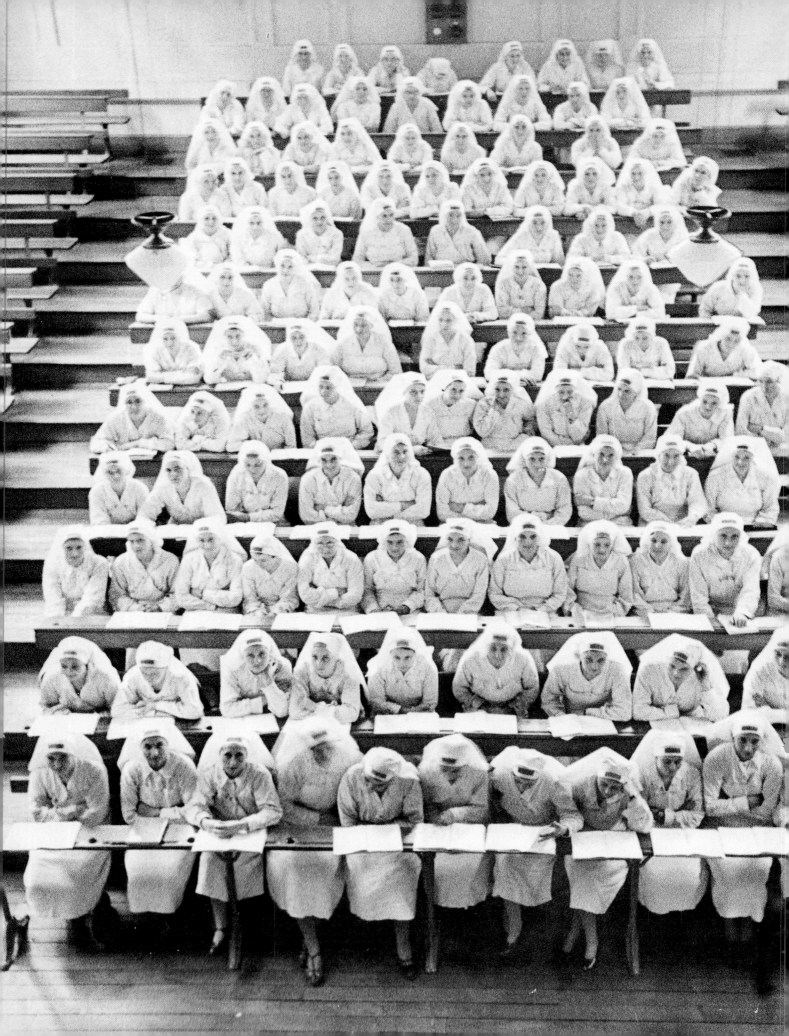

Eternelles promesses aux infirmières

*Amère et anonyme constatation de l'élève d'une école
d'infirmières : les salaires sont misérables,
les conditions de travail abjectes
et les réformes toujours
attendues.*

APRES quelques mots sur les « devoirs intellectuels » de l'infirmière, qui se bornent à tenir les écritures d'entrée et de sortie des salles, le professeur, suivant fidèlement son programme obligé, entre dans des vues générales sur la condition du personnel hospitalier. Et les promesses miroitent. Bientôt, on séparera les services. L'infirmière proprement dite sera chargée exclusivement des gros ouvrages et les *diplômées* n'auront plus à veiller qu'au soin des malades. Division évidemment heureuse et qui modifiera un état de choses défectueux. Actuellement, la même infirmière qui, de grand matin, a accompli les plus répugnantes besognes, qui ensuite a dû laver et le plancher de la salle et les tables à pansement, – sans compter le reste, – doit, à l'arrivée du chirurgien et des internes, aider aux soins les plus minutieux, et souvent, faute de personnel, pratiquer elle-même des pansements pour lesquels la plus rigoureuse asepsie serait nécessaire.

Mais depuis combien d'années est-il question de cette réforme demeurée toujours à l'état de projet!

Tandis que je songe, le professeur a continué. A présent, il s'agit de laïcisation. « La société civile a le droit et le devoir de se suffire à elle-même... » « Le dévouement n'est pas le monopole des religieuses (c'est le texte même du manuel). » Et il énumère les avantages du personnel laïque sur le personnel religieux. Désintéressement : la religieuse travaille pour le paradis, l'infirmière n'y pense même pas. Docilité : la sœur n'est pas docile, les observations du médecin ou du directeur la laissent indifférente. Il n'en est pas de même de l'infirmière laïque, dont l'intérêt est d'être bien notée. (Voilà le mobile qu'on substitue ici à celui d'une récompense future...) Assiduité : l'infirmière n'est pas éloignée du malade par l'attrait de la chapelle. (Hélas! que d'autres attraits, moins excusables, la séduisent!) Instruction professionnelle, liberté de conscience, les avantages de l'infirmière laïque sur la congréganiste nous sont successivement énumérés. Et tout cela se termine par cette encourageante péroraison : « En suivant bien ces conseils, vous vous signalerez à l'attention de vos professeurs, de vos directeurs, vous obtiendrez votre diplôme, et l'avancement auquel vous aspirez vous sera prochainement accordé. »

Cet avancement, quel est-il? En 1872, l'infirmière auxiliaire touchait 25 francs par mois; l'infirmière de 2ᵉ classe, 27 francs; l'infirmière de 1ʳᵉ classe, 31 francs par mois. Depuis 1897, l'auxiliaire touche 30 francs; la 2ᵉ classe, 34 francs; la 1ʳᵉ classe, 37 francs. A partir du 1ᵉʳ janvier 1903, ces chiffres seront élevés, paraît-il, et cette perspective brille aux yeux. Puisse-t-elle n'être pas un mirage!

Comment, avec de tels salaires, éviter

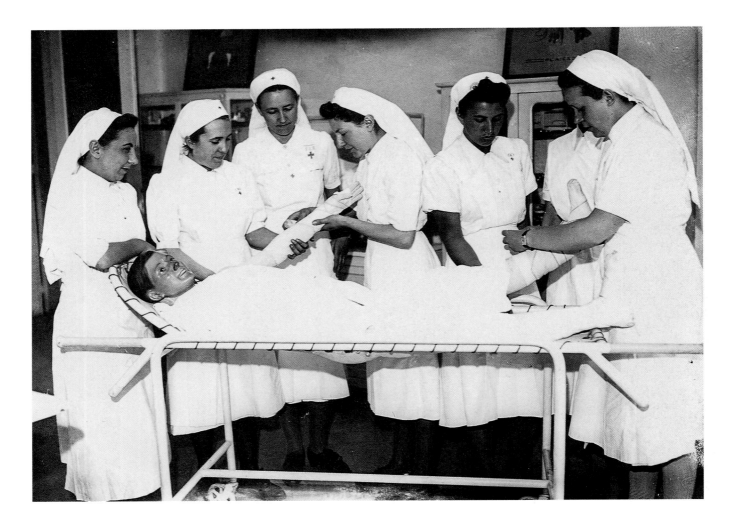

*Cours de pansement
sur un mannequin.*

l'écueil que nie, ce soir, le professeur, – espérant ainsi le supprimer, sans doute, – le pourboire obligé à l'infirmière? Dans certains services, les soins les plus indispensables sont taxés, un sou, deux sous, davantage. Et notez qu'il s'agit de malades indigents, pour lesquels ces petites sommes sont tout autre chose que de l'argent de poche. Que de fois la famille s'est refusée le nécessaire pour n'en pas priver son malade, – ou bien c'est la mince économie réservée pour une convalescence qui s'épuise à ces gratifications, données à contre cœur…

Et cependant, comment vous condamner, pauvres filles?… On voudrait voir en vous toutes les qualités; – on les rencontre quelquefois. – Et que vous offre-t-on en échange du dévouement constant exigé par le bon service des malades? Pour un travail pénible, souvent répugnant, des appointements insuffisants, une nourriture médiocre – et quel logement! Les dortoirs de la Pitié sont légendaires, véritables nids à rats situés sous les combles des plus vieux bâtiments de l'hôpital.

« Je connais des dortoirs, et dans ces dortoirs j'ai vu des lits où la mort guette à chaque minute l'infirmier couché : sous la fenêtre à tabatière, qui ferme mal, la pluie tombait le jour, le froid tombait la nuit. Parquets disjoints, poussières de crachats et crottins de la rue, vieilles jupes, chaussettes sales, chiques abandonnées,… on peut tout trouver dans certains dortoirs, à certaines heures, tout, hormis la santé. » Dans ces greniers, les lits se touchent de si près que les pieds d'une infirmière atteignent l'oreiller d'une autre. Ce détail suffirait… J'en passe, et de plus écœurants.

Quoi d'étonnant, dès lors, à ce que le recrutement du personnel inférieur des hôpitaux soit aussi médiocre? Quoi d'étonnant surtout à ce que, ce personnel une fois recruté, ceux qui le composent aient pour pensée maîtresse l'allègement de leur tâche, la distraction, – l'oubli de leur misérable condition, vaille que vaille?

3 juillet. – Les infirmières ont subi leurs épreuves orales il y a deux jours. Cet après-midi, c'était notre tour. Convoquées pour

*Page de droite :
Exercices pratiques.*

140

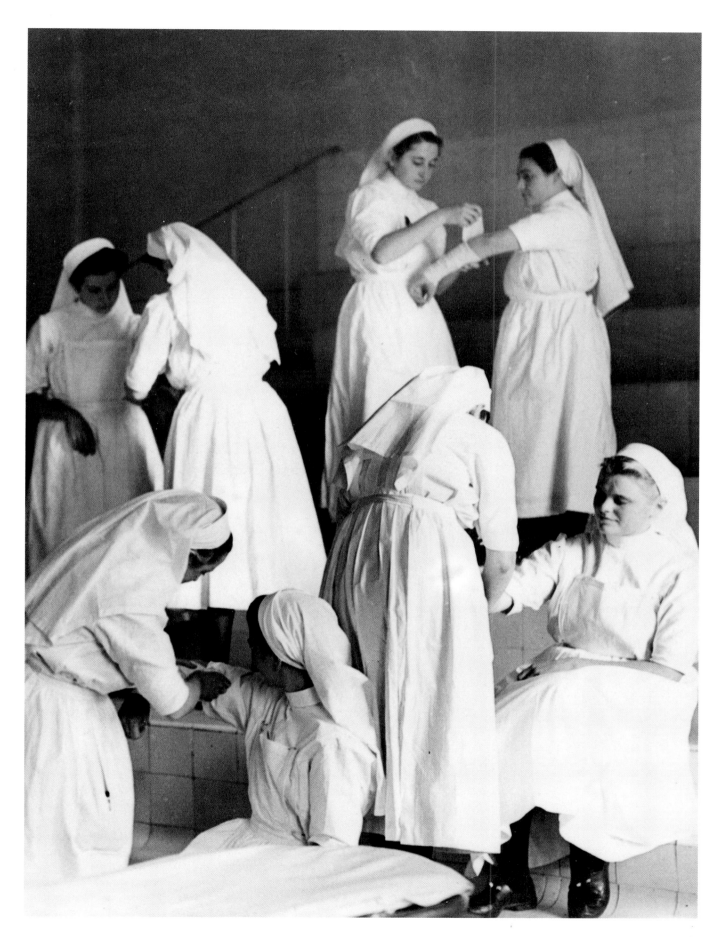

*Le professeur Pinard
au milieu de ses élèves
à l'école de puériculture
du boulevard Brune
à Paris.*

quatre heures, nous arrivons, plus ou moins émues, selon l'usage, à la perspective des interrogations à subir. La journée est chaude, le soleil mord. On nous range dans un enclos situé derrière le bâtiment de la chapelle, et qui constitue le jardin du directeur de l'hôpital. De là, appelées deux à deux par ordre alphabétique, nous allons comparaître devant nos juges.

A.B.C.D... les lettres successives nous égrènent. Je passe à mon tour dans une première petite salle où, d'abord, un professeur me pose quelques questions sur le nom et l'usage de six instruments chirurgicaux. Puis, gravement, il me surveille tandis que je procède au montage d'un « aspira-

teur » système Potain. Bien, note maximum : 10. Ce facile succès remporté, je me trouve dans un couloir où, derrière une autre table, chargée de fioles nombreuses, siège un autre professeur. Un à un, je nomme les remèdes, leurs emplois et leurs doses, notions acquises au cours de petite médecine. Même note, aussi aisément enlevée. On nous avait tant effrayées d'avance, relativement à la sévérité des examinateurs...

Me voici enfin dans la chapelle, où se tient le reste du jury, présidé par M. Bourneville en personne. Mais d'abord, il faut passer là un examen d'un autre genre. Près d'une table, à l'entrée, se tient un surveillant de l'hôpital. Il m'arrête : « Votre nom? âge? lieu

de malades. » Alors le fonctionnaire, génial et triomphant : « Eh bien! je vais mettre : *Désire continuer...* » Et il inscrit, avec sérénité, cette lumineuse mention. Au-dessus de ma réponse, dans le registre, mes compagnes ont dicté la leur. « Sollicite une place de l'Assistance publique, » « veut faire des gardes en ville, » « masseuse, » sont les mentions ordinaires.

En quittant la table d'inscription, je me trouve devant la sage-femme en chef, dont le rôle consiste à juger de notre habileté à emmailloter un enfant. On nous remet langes et brassières et, sur un bébé de carton, qui nous est familier déjà, nous exerçons nos instincts maternels. Là encore, rien de bien sévère. Puis j'arrive devant le chef qui, lui-même, du haut de l'estrade, surveille tout l'ensemble. Joséphine se dresse près de lui. Je monte et j'exécute, sur l'ordre du président, le bandage dénommé « spica double de l'épaule ». Tout va bien, et cette dernière épreuve terminée, je m'attends à la note maximum, 40 pour les quatre épreuves réunies. Mais, au moment où je descendais de l'estrade, un professeur de pansements accourt. Il avait contrôlé mes notes au passage et, d'office, il fait suivre mon nom d'un neuf et demi, en me disant, bénévole : « Voyez-vous, si on donnait la note maximum à plusieurs élèves, ce serait très embarrassant au moment de décerner les prix! »

18 juillet – J'ai reçu une lettre ainsi libellée : « L'administration des hospices de Beaucaire (Gard) demande une sous-surveillante célibataire. Les avantages sont les suivants : appointements 1 160 francs et prestation en nature de la nourriture, du logement et du blanchissage. Prière de m'informer d'extrême urgence si vous êtes candidate à ce poste. Signé : Le directeur de la Pitié. » Et j'ai eu le regret de refuser! Sans doute l'administration n'avait pas saisi le sens de la mention du registre : « désire continuer... »

de naissance? » Je réponds. « Votre profession? – Je n'en ai pas. – Pourquoi passez-vous cet examen? – Parce que je m'occupe des malades. – Alors, pourquoi dites-vous que vous êtes sans profession? – Parce que je ne suis pas rétribuée. – Pas rétribuée! (Les sourcils se haussent.) Alors, pourquoi le faites-vous? » Silence. Je réprime une envie de rire. Et l'excellent plumitif de reprendre : « Ah! c'est pour pouvoir être rétribuée ensuite? » J'ai retrouvé la parole : « Non, je n'en ai pas l'intention. – *Jamais* rétribuée!... Alors pourquoi? » Il faut une réponse. L'Administration n'a pas prévu les blancs dans le registre... Et je hasarde : « Je passe l'examen, parce que je désire continuer à m'occuper

Une école d'infirmière en 1903
Texte anonyme
janvier 1904.

LE MATERIEL

*Appareil pour mesurer
le champs de vision, 1936.*

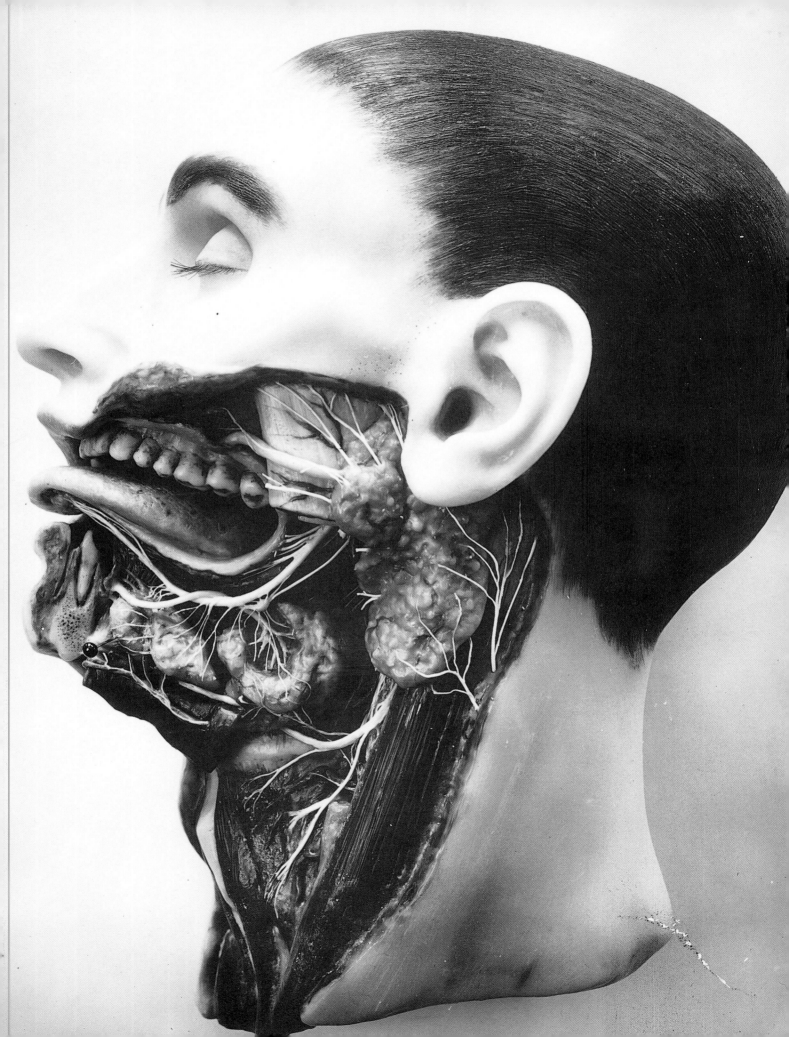

Page de gauche :
Ecorché en cire.
Cette matière permettait
de rendre tous les détails
(ici les glandes salivaires),
avec une merveilleuse finesse.

Modèles anatomiques pour l'enseignement

A l'origine, une corporation de ciriers fabriquaient les modèles.
Ils disparurent quand leur matière première fut remplacée
par le carton et le papier mâché. A l'abri de la poussière,
la cire se conserve parfaitement. Le musée de la Faculté
de Médecine de Paris possède un rarissime
mannequin en cire, grandeur nature,
du dix huitième siècle.

Atelier de fabrication de pièces anatomiques en plâtre,
papier mâché et carton, à la fin du siècle.

L'Expo d'Hygiène

Cette manifestation tenue au Grand Palais présente
mille objets disparates, regroupés sous le nom
d'Hygiène, mot à la mode, mot magique
qui rassure en tuant les microbes
et fait vendre.

LE GRAND PALAIS des Champs-Elysées abrite actuellement, et jusqu'en novembre, l'Exposition internationale d'hygiène, de sauvetage, de secours publics et des arts industriels.

Cette Exposition, qui est d'un très vif intérêt, réunit plus de treize cents adhérents. La surface occupée par leurs installations est de 14 000 mètres; les moindres recoins du gigantesque hall sont pris.

La Russie et la Belgique, présentent, dans un regroupement très réussi, de remarquables produits de leur industrie. Les suffrages vont notamment à la partie réservée par la Russie aux opérations de la guerre actuelle (train sanitaire de l'Impératrice, hôpitaux de campagne, etc.) Ils vont aussi aux installations bien ordonnées des Secouristes français, des Sauveteurs de la Seine, de l'Association des Ambulanciers. Enfin, la belle vue panoramique du port de Bergen est d'un attrait particulier.

Il y a de tout en cette Exposition, qui contient un si grand nombre de branches de l'activité humaine : on y voit depuis la tente-abri du militaire et le canot inchavirable et insubmersible, jusqu'aux vases art moderne, aux armoires à six faces et aux pianos à queue. Il en résulte une inévitable apparence de fouillis, ce qui n'empêche point le rangement d'être méthodique, les groupements spéciaux bien disposés et l'impression d'ensemble agréable autant qu'instructive.

Nous ne saurions passer en revue toutes les catégories d'exposants, même en nous limitant aux seules choses de l'hygiène; mais il convient qui nous signalions ceux d'entre eux qui, lors d'une première visite, ont plus particulièrement retenu notre attention.

Hygiène
de l'habitation

C'est d'abord, sous le rapport de l'hygiène dans l'habitation, la Société, déja populaire à Paris, du *Vacuum Cleaner*, qui permet un rapide et parfait nettoyage des appartements par le vide, sans qu'il soit besoin d'enlever tapis, tentures ou meubles. (Il s'agit de l'aspirateur.)

Deux produits assainissants et antiseptiques qui méritent de figurer aussi en première ligne sont le *lusoforme*, désinfectant énergique autant qu'appréciable, et le *formol-sanitaire*, dont l'évaporation lente se fait à l'aide d'un petit appareil fort simple et fort ingénieux.

Pour assurer l'hygiène dans l'habitation, nous disposons désormais de plusieurs peintures antiseptiques, hautement recommandables. L'une d'elles, la peinture *Sanitas*, a le mérite d'être un enduit chimique actif, possédant des éléments aseptiques très puissants, ce qui ne l'empêche point d'être d'une

Appareils sanitaires
exposés en 1913
au Musée d'Hygiène
de la ville de Paris.

application élégante ou de grande durée. Vivre dans un appartement où elle a été appliquée, c'est vivre à l'abri des émanations et des microbes.

La fabrique de papiers antiseptiques Lacoste-Delpérier présente une exposition également intéressante : en dehors du *Milk*, si précieux comme destructeur de microbes, on y remarque le « *sous-tapis* », dans la pâte duquel se trouvent incorporés les plus puissants antiseptiques connus; il retient les poussières, emprisonne les germes, constitue la véritable hygiène de l'appartement.

Dans la classe du mobilier, le visiteur remarquera plus particulièrement la nouvelle table de chevet *Hygea*, adoptée par le Touring-Club pour son type de chambre d'hôtel hygiénique et approuvée à l'hunanimité par près de 900 médecins français et étrangers, lors du premier Congrès d'hygiène urbaine, tenu cette année à Nice. Par suite d'un dispositif ingénieux, les quatre panneaux de ce meuble, à la fois mobiles et solidaires, constituent alternativement et subitement deux caisses superposées, – une pour le jour, l'autre pour la nuit, – qui se nettoient et s'assainissent en un clin d'œil. C'est en même temps un meuble élégant, décoratif et, qui plus est, bon marché.

Très pratiques sont encore les *sièges-toilette*

Mathieu, permettant les injections et lavages dans la position couchée, et transformables instantanément en sièges ordinaires.

Dans le même ordre d'idées, on prêtera attention au *Pinifibra*, garniture antiseptique et absorbant spécial pour accouchements, et qui présente aussi l'avantage de permettre aux femmes de prendre, couchées sur leur lit, les grandes injections chaudes. Son emploi est fort simple et n'exige aucun préparatif.

Une mention spéciale pour l'ingénieux *rideau à rafraîchir*, présenté par A. Duclos et assurant à la fois santé et bien-être. Ce rideau produit un abaissement de température par une légère évaporation de l'eau qui coule sur ses deux faces, en même temps que des effets lumineux agréables à voir. Il a, en outre, l'avantage d'arrêter les poussières toujours malsaines et sales, et de les entraîner dans l'écoulement de l'eau.

Revue d'Hygiène et de travaux sanitaires
Août - septembre 1904.

La fabrication du catgut

*Cette question ne peut laisser aucun chirurgien indifférent.
Un seul fil à ligature mal stérilisé peut
compromettre une intervention.
Enquête d'une Commission
médicale.*

L' HISTOIRE du catgut se résume en quelques noms. A. Cooper, il y a environ un siècle, a l'idée d'utiliser la corde à boyau comme fil à ligature; Lister reprend l'idée en stérilisant la corde dans l'huile phéniquée. L'usage du catgut subit ensuite un déclin jusqu'en 1894, époque à laquelle Répin perfectionne la stérilisation du catgut en le soumettant à l'action d'une température de 120° et plus dans les vapeurs d'alcool sous pression. D'autre part, divers modes de stérilisation par des procédés chimiques à basse température se substituent çà et là aux procédés thermiques, et peu à peu, pharmaciens et chirurgiens acquièrent une confiance absolue dans la stérilisation du catgut. M. Garis nous a démontré, par ses recherches, que cette confiance est exagérée, que la stérilisation n'est pas obtenue d'une manière constante avec les procédés connus et que la faute est moins aux méthodes de stérilisation qu'aux méthodes de fabrication de la corde. Avec de la corde préparée à boyaux frais, tous les procédés de stérilisation réussissent; avec de la corde préparée à boyaux fermentés, tous sont susceptibles d'échouer. C'est ainsi que la Commission a été entraînée à s'occuper de la fabrication de la corde à boyau depuis l'abattoir jusque chez les pharmacien catguttier.

La corde chirurgicale, comme la corde harmonique, peut être fabriquée dans trois conditions différentes : 1° avec du boyau conservé, sec ou salé, de provenance plus ou moins lointaine, 2° avec du boyau macéré dans l'eau, fermenté; 3° avec du boyau frais, la préparation commençant pour ainsi dire dès la mort de l'animal.

Les recherches de M. Garis, les opinions des pharmaciens, celles des membres de la Commission, tout converge vers cette conclusion qu'il est absolument nécessaire que la catgut soit préparé à boyaux frais. A l'abattoir, les boyaux de mouton, après vidage et lavage, doivent être recueillis dans les glacières et transportés le plus tôt possible aux boyauderies. A la boyauderie, l'intestin subit une série de raclages et trempages dans des solutions antiseptiques, jusqu'au moment où, fendu en deux, il devient une lanière; les lanières sont soumises, pendant deux et trois jours, à l'action renouvelée de l'eau oxygénée, puis elles sont tressées à l'aide d'une sorte de rouet et deviennent cordes; la corde est séchée, polie, puis elle est transmise au pharmacien catguttier qui la stérilise.

D'une manière générale, la Commission émet le vœu que les différentes phases de la préparation de la corde s'accomplissent dans les conditions de propreté minutieuse. Elle estime qu'il y aurait intérêt à ce que les opérations de raclage et de filage se fissent dans des ateliers différents. Dans l'atelier de raclage, le bois doit être banni et remplacé

Ci-dessus :
On racle les boyaux
dès qu'ils arrivent
à l'usine.

par le marbre, l'ardoise ou le métal. Les ateliers de filage et de séchage doivent être bien aérés; il faut leur donner non seulement la réalité, mais encore l'apparence de la propreté, de manière à ce qu'à son tour le personnel éprouve le besoin d'être à l'unisson. On doit faire l'éducation du personnel, lui fournir les moyens de se laver les mains, le revêtir de blouses de toile, lui inculquer quelques notions élémentaires d'antisepsie. Toutes ces précautions ont pour but d'éviter la souillure du catgut dans son épaisseur et par conséquent de le rendre plus aisément stérilisable.

Les bouchers tiennent dans leurs mains toute l'industrie boyaudière, avec laquelle ils ont des marchés à long terme. Les difficultés sont d'autant plus grandes que la corde chirurgicale ne représente qu'une infime partie de la fabrication des cordes et

que, en outre, la corde à boyau n'est elle-même qu'une partie de l'industrie boyaudière. Celle-ci tire de tous les boyaux et de leurs déchets toute une série de produits importants qu'elle vend aux charcutiers, aux agriculteurs, etc., et dont ne pourraient s'embarrasser les pharmaciens. La solution la plus simple est celle de l'entente avec les boyaudiers qu'il faut amener à perfectionner leur outillage dans le sens de la propreté et de l'antisepsie. Voilà déjà un premier progrès essentiel à réaliser; le second serait d'exercer un contrôle sur le catgut après sa stérilisation. Les pharmaciens en acceptent le principe.

Page de gauche :
Séchage des boyaux

Le Bulletin Médical
du 13 mai 1916.

*La Pharmacie Centrale.
On remarque,
au rez-de-chaussée,
les grands et petits
paniers de médicaments
au-dessus desquels
sont posés les bons
de commande
des hôpitaux.*

La pharmacie
en 1900

*La Pharmacie Centrale, rue des Nonains d'Hyères
est un immense dépôt, en architecture métallique
et surplombé par une verrière, une fourmillière
où s'agitent des centaines
d'employés.*

Découpage de l'ouate, au fond, stérilisation des boîtes de pansements.

LE MATERIEL

*L'entrée du sanatorium
de Tourcoing.*

Les crachoirs
de poche

*Tous les moyens sont bons pour enrayer la tuberculose
qui fait des ravages. Un médecin prône l'usage
d'un petit appareil ingénieux et portatif,
hélas, boudé à Paris.*

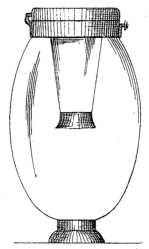

Crachoir de poche.

IL Y A peu de temps, me trouvant en chemin de fer, je vis à une station un jeune homme probablement phtisique entrer dans mon compartiment et s'asseoir près de moi. Il s'était mis en retard, il avait couru; l'effort provoqua des quintes de toux, et notre malheureux voisin vida littéralement sa caverne sur le tapis; à la fin du voyage il y avait à côté de lui une palette de pus. Les voyageurs qui se succédèrent aux stations suivantes, et lui-même, habitué sans doute à pareil accident, écrasèrent ces crachats avec leurs chaussures et en transportèrent les marques dans tout le compartiment. On peut se demander comment s'y prit le lendemain l'homme de peine du chemin de fer pour nettoyer ce wagon. Nous savons que plusieurs compagnies font battre le matériel, chaque semaine, avec des appareils mécaniques ingénieux, sous une cage vitrée hermétiquement; mais dans l'intervalle, il est probable que les piétinements des voyageurs et les trépidations du wagon en marche disséminent dans l'air la poussière des crachats disséminés sur le tapis.

Le danger est réel; dans l'état de nos mœurs et avec nos habitudes, comment peut-on y remédier? L'usage d'un mouchoir n'aurait fait dans le cas particulier que transporter le danger de la vie publique dans la vie privée. Notre collègue et ami, M. Lereboullet, ne me disait-il pas, ces jours derniers, qu'ap-

pelé récemment en consultation en province auprès d'une dame phtisique, il avait vu qu'on faisait sécher devant la cheminée de la chambre à coucher plusieurs mouchoirs que cette malade remplissait en quelques heures d'une expectoration très abondante! Et cependant il s'agissait d'une famille aisée. Que de chances de transmission par une telle pratique, quand une pauvre famille vit dans une chambre unique, et que les enfants sont nuit et jour en contact incessant avec leur mère phtisique!

Dans la vie publique, dans la rue, il n'y a qu'un moyen de remédier au mal; c'est de faire usage d'un de ces crachoirs de poche qui, depuis quelques années, sont très répandus dans les pays voisins et qui semblent à peu près inconnus en France ou au moins à Paris. Dans les sanatoriums fréquentés par les tuberculeux, à Davos, à Saint-Moritz, à Gœrbersdorf, à Falkenstein, à Leysin, etc., tout malade qui arrive doit se munir d'un de ces crachoirs portatifs en verre, dont il existe plusieurs modèles; le plus répandu est celui qui est usité à Falkenstein et auquel le Dr Detteveiler a donné son nom. Le malade qui, une première fois, s'oublie à cracher par terre est dûment averti et rappelé à l'ordre; la seconde fois il est invité à quitter l'établissement. Sans cette sévérité les sanatoriums deviendraient bientôt des foyers de contagion et il serait extrêmement dange-

Page de droite :
La douche d'air chaud
du docteur Heilbrun.

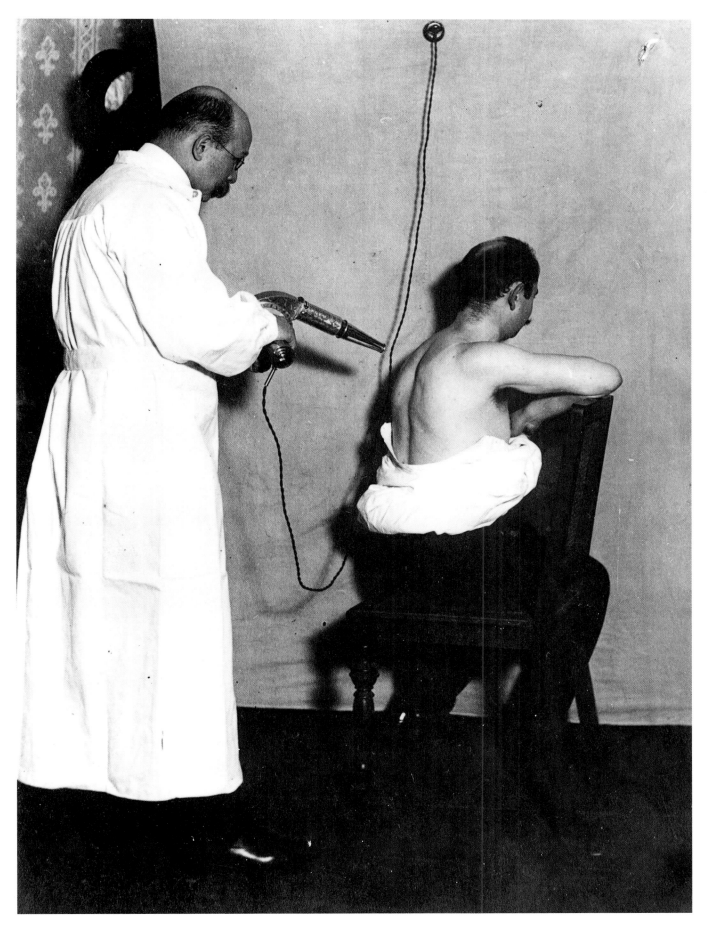

En 1930, le docteur Saidman dessine les plans et fait construire à Aix-les-Bains un solarium tournant. L'immense plateforme est si bien équilibrée qu'un moteur de 4CV suffit à son mouvement de rotation. Les rayons du soleil étaient mesurés et filtrés.

reux d'y envoyer des personnes menacées seulement de tuberculose.

J'ai été curieux de rechercher si ces petits appareils, ingénieux et portatifs, d'un emploi très pratique, étaient en usage à Paris. J'en ai demandé dans une vingtaine de pharmacies, les plus renommées et dans les quartiers centraux; presque partout j'ai vu qu'on en connaissait même pas l'existence. Dans une seule pharmacie on m'a dit qu'on en avait vu la description dans un prospectus, mais on n'en avait pas fait venir parce que « jamais les malades ni les médecins n'en demandent ». Je me suis alors adressé aux fabricants d'instruments de chirurgie : cinq n'en avaient jamais entendu parler; un en avait vendu trois depuis quelques années,

mais n'en possédait plus. J'ai été assez heureux pour en trouver un exemplaire chez un dernier fabricant; il en avait fourni quelques-uns à des malades qui en avaient été antérieurement pourvus et qui sans doute en avaient contracté l'habitude dans un sanatorium.

Une personne qui tousse et qui crache ne devrait pas descendre dans la rue sans un de ces ustensiles, pas plus qu'on ne sort sans gants, sans mouchoir ou sans parapluie quand il pleut. Il est d'ailleurs facile, avec un peu d'adresse et d'habitude, de dissimuler dans sa main ou dans son mouchoir un de ces petits appareils qui n'est pas beaucoup plus gros qu'une tabatière; les malades qui ont passé quelque temps dans un sana-

torium savent s'en servir avec discrétion et sans attirer les regards : et surtout ils ne peuvent plus s'en passer.

Un simple coup d'œil permet de comprendre le mécanisme de cet ustensile. Le flacon aplati en verre bleu a 10 centimètres de hauteur, 5 centimètres de largeur à la partie la plus renflée et 31/2 d'épaisseur. Le couvercle en nickel est garni en caoutchouc, à ressort, comme les encriers de voyage; il est vissé sur le verre et se démonte aisément pour les grands lavages; il porte un prolongement en forme d'entonnoir, en nickel, qui forme siphon dans l'intérieur du flacon pour empêcher les déversements. Le fond de l'appareil est muni d'un bouchon métallique vissé directement sur le verre; on l'en-

lève pour faire chaque jour un lavage sous un robinet, que l'on complète par un rinçage avec une solution d'acide phénique à 5 %. Il est inutile de conserver aucun liquide désinfectant dans le crachoir qu'on vide dans le seau à toilette ou dans les cabinets. Le verre est épais, peu fragile, les garnitures nickelées sont d'un aspect très propre. L'appareil est simple et pratique; il est regrettable que son prix soit aussi élevé (8 francs); on devrait faire des modèles plus simples encore et à la portée de toutes les bourses.

Dr E. Vallin
*Bulletin de la Société
des Médecines Publiques*, 1896.

Le traitement électrique de la neurasthénie

L'électricité attire la clientèle comme un aimant.
Les cabinets de certains médecins sont
de véritables centrales électriques.
Plusieurs revues médicales
se consacrent à cette
« spécialité ».

C'est à M. Vigouroux que revient l'honneur d'avoir montré tous les bons offices que l'on est en droit d'attendre de l'électricité statique et d'avoir institué une méthode de traitement électrique de la neurasthénie d'effets très constants. Cette méthode consiste essentiellement dans l'emploi du bain statique négatif, auquel, suivant les cas, on peut ajouter l'effluvation, la friction électrique et les étincelles, mais dans la plupart des cas, le bain statique seul suffit. Vous savez, messieurs, comment se font ces diverses applications : pour le bain statique, le malade est simplement placé sur un tabouret à pieds de verre relié métalliquement au pôle négatif de la machine statique. La durée du bain doit varier de 5 à 30 minutes suivant les degrés d'excitabilité du malade; les premières séances doivent être courtes afin d'éviter ou du moins d'atténuer l'insomnie et l'excitation qu'elles ne manquent guère de produire chez les malades non encore habitués.

Voici un homme de 50 ans, d'une santé toujours débile, depuis l'âge de 21 ans. Ce malade a vu son état empirer il y a 3 ans à la suite d'une forte atteinte d'influenza. A cette époque, il a été pris de douleurs sciatiques et de sensations très particulières au niveau du cuir chevelu. Ce qu'il éprouve de ce côté est assez difficile à définir. Cela ne ressemble pas absolument au casque classique mais plutôt à une sorte de tiraillement en arrière de tout le cuir chevelu s'accompagnant dans la tête d'une sensation de vide extrêmement pénible. Pas d'appétit, digestions laborieuses, mais pas de constipation; amyosthénie telle que le malade peut à peine marcher, troubles intellectuels au point que le malade a dû, depuis 3 mois, quitter son emploi; lecture impossible, mémoire amoindrie. Ajoutons à ces symptômes, l'idée fixe du suicide, des cauchemars pénibles la nuit, un sommeil léger, souvent troublé, de l'agoraphobie et vous aurez chez ce malade un tableau presque complet et classique de l'épuisement nerveux.

Le traitement par le simple bain statique négatif a commencé le 27 mars. Dès la 3e séance, le malade dormait mieux, sentait ses forces revenir : dès le 4e il pouvait bêcher son jardin, faire plusieurs kilomètres à pied. Après la 6e séance, les troubles intellectuels étaient tellement amendés que le malade pouvait reprendre son emploi. Mais subitement le malade a eu une rechute et le voilà tout découragé. Mais cette rechute ne sera pas de longue durée, l'amélioration reviendra et reprendra sa marche progressive. A la date du 17 juin, le malade était tellement amélioé qu'il se disait guéri.

Appareil Darsonval
pour traiter
l'artériosclérose, 1908.

DR DOUMEZ
La neurasthénie,
son traitement par l'électricité
Lille, 1893.

Fig. 1. — Mode d'emploi du casque vibrant.
Ce casque surmonté d'un moteur électrique (fig.3) est emboité sur la tête
par des lames métalliques flexibles (fig. 2).

*Charcot fit de grandes
découvertes : identification
de la maladie de Parkinson,
de la sclérose en plaques, etc.
Cela ne l'empêcha pas
de s'intéresser
à des idées farfelues.*

La thérapie vibratoire

*Tout au long de sa brillante carrière, le professeur Charcot
a fait preuve d'une grande imagination; témoin cette
méthode audacieuse pour soigner la maladie
de Parkinson, perfectionnée par
un de ses élèves.*

Parmi toutes les méthodes, plus ou moins bizarres en apparence, appliquées au traitement des maladies nerveuses, il en est peu de plus originale que celle qui est employée depuis quelques temps à la Salpêtrière par le professeur Charcot. C'est le traitement par les vibrations mécaniques.

Il est une maladie grave du système nerveux, caractérisée par un tremblement incessant des mains, une attitude penchée du corps, une démarche bizarre qui semble faire croire que le malade va se précipiter tête première; c'est la paralysie agitante, dite aussi maladie de Parkinson, sorte de névrose pénible, douloureuse, enlevant au malheureux qui en est atteint tout repos, tout sommeil. Depuis longtemps M. Charcot avait appris, de quelques malades frappés de cette infirmité, qu'ils retiraient un soulagement marqué des longs voyages en chemin de fer ou en voiture. Plus le train, lancé à toute vitesse, occasionnait de trépidations dans les compartiments, plus la voiture était cahotée sur un pavé inégal, plus ils éprouvaient de soulagement. Au sortir d'un voyage d'une journée, ils se sentaient mieux et éprouvaient un bien-être inexprimable. Un d'eux avait imaginé de se faire véhiculer des heures entières dans un de ces lourds tombereaux à charrier les pavés. Au contraire de tous les voyageurs, les paralysés de Parkinson se trouvaient plus frais et plus dispos au sortir

des wagons; plus le voyage avait été prolongé, plus mauvaise était la ligne, plus durable était leur amélioration. Ce témoignage, venu de diverses sources, ne fut pas perdu; ce fut pour M. Charcot le point de départ d'une application thérapeutique des plus curieuses. On ne pouvait songer à faire promener les malades en chemin de fer de Dunkerque à Marseille ou à leur faire passer leurs journées dans les omnibus; M. Charcot fit construire un fauteuil animé d'un mouvement de va-et-vient, au moyen d'un treuil électrique. Ces mouvements provoquent une série de trépidations très vives. C'est le mouvement de trémie pour le tamisage des matières industrielles. Rien de plus insupportable pour une personne bien portante que ces secousses qui vous démolissent, vous détraquent et vous ballottent les entrailles. On n'est pas en *marche* depuis une demi-minute qu'il faut demander grâce. Le malade, au contraire, se prélasse dedans, comme vous le feriez dans un doux canapé; plus il est secoué, mieux il se sent. Après une séance d'un quart d'heure, c'est un autre homme; les membres sont détendus, la fatigue est dissipée et, la nuit suivante, le sommeil est parfait.

Le traitement par les vibrations mécaniques n'est pas limité à cette seule maladie; il semble devoir s'appliquer à un assez grand nombre de ces troubles nerveux, plus ou

Fig. 2. — Vue intérieure du casque vibrant
montrant les lamelles métalliques.

Fig. 3. — Détail du moteur électrique
du casque vibrant.

moins bien définis et dont la neurasthénie offre l'ensemble le plus complet. Bien avant l'invention du fauteuil trépidant, le Dr Vigouroux avait imaginé de soumettre les hystériques aux vibrations d'un énorme diapason : il guérissait ainsi des anesthésies, des contractures. D'autres médecins, Boudet de Paris, Mortimer-Granville, appliquèrent des tiges vibrantes au traitement des névralgies, de la névralgie faciale en particuler et des migraines. Ce dernier avait imaginé un petit percuteur électrique, analogue au petit marteau des sonneries électriques, que l'on appliquait sur le point douloureux. Sous l'influence de ce choc répété des centaines de fois en un court espace de temps, le mal cédait.

La méthode a été, depuis quelque temps, singulièrement perfectionnée par un élève de M. Charcot, le Dr Gilles de la Tourette. Avec la collaboration de deux confrères très versés dans les études d'électro-thérapie, MM. Gautier et Larat, il a fait construire un appareil pour le traitement des migraines et des céphalées nerveuses; c'est le casque vibrant (fig.1). Imaginez un casque du modèle du heaume des vieux temps et fort analogue, pour sa structure, au conformateur des chapeliers. Il est en effet formé de lames d'acier qui permettent d'emboîter la tête d'une façon parfaite (fig. 2). Sur ce casque, en guise de cimier, est un moteur à courants alternatifs de construction particulière,

faisant environ 600 tours à la minute (fig. 3). A chaque tour une vibration uniforme se propage aux lamelles métalliques et se transmet au crâne qu'elles enserrent. Les parois crâniennes vibrent ainsi dans leur ensemble, et ces vibrations, naturellement, se transmettent à tout l'appareil cérébral. La sensation n'est pas désagréable; on peut du reste varier, suivant la tolérance du sujet, le nombre et l'intensité des vibrations. La machine produit un ronron qui contribue certainement à l'engourdissement. Au bout de quelques minutes, on éprouve une sorte de lassitude générale, de tendance au sommeil, qui amène chez les détraqués nerveux, chez les malades affligés d'insomnie, une détente des plus salutaires.

Le casque vibrant a été appliqué déjà chez un assez grand nombre de malades neurasthéniques; la plupart en ont éprouvé de très bons résultats. Le procédé réussit aussi contre la migraine, et comme c'est un mal assez répandu, pour lequel on ne connaît pas de remède sûrement efficace, vous verrez dans quelque temps le casque devenir à la mode.

*Page de droite :
Auscultation électrique,
système Glover.*

DR A. CARTAZ
La Nature
27 août 1892.

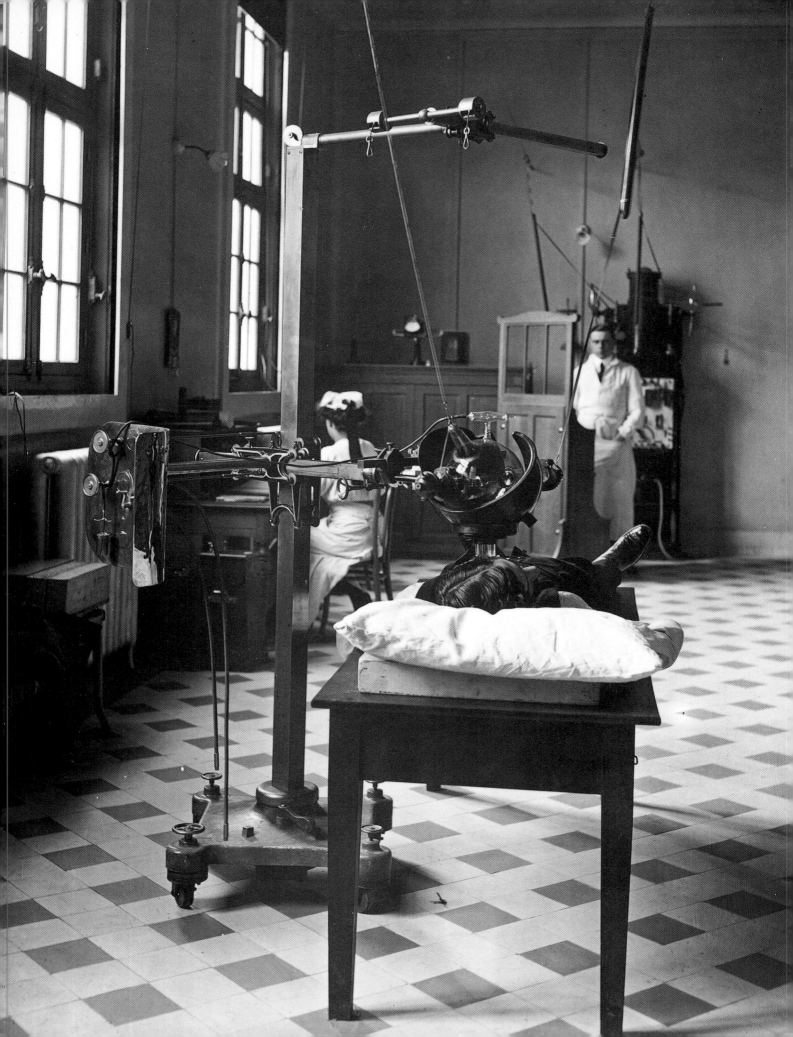

Le service radiologique
de Cochin en 1914.
L'élément de protection
de l'opérateur est
un simple paravent vitré.

Les martyrs
des rayons X

*Les débuts de la radiographie sont catastrophiques
pour les malades, car on ignore tout des doses,
pour les opérateurs qui négligent
de se protéger. Les victimes
seront nombreuses.*

C'EST EN 1900 que Henri Simon débute dans la radiographie à l'hôpital cantonal de Genève. C'est l'époque des premières découvertes et des grands enthousiasmes. C'est hélas! aussi, celle où l'on ignore les graves dangers que peut présenter, pour qui s'expose sans cesse à ses radiations, l'ampoule aux lueurs de mystère. Après deux ans de pratique, constante, où nulle précaution protectrice n'a été prise, le jeune savant voit la peau de ses mains se dessécher, perdre de son élasticité. Mais nulle souffrance n'accompagne ces modifications premières. D'aussi petits inconvénients ne sauraient l'arrêter dans son travail. Il continue.

Un an encore et les accidents s'aggravent. L'atteinte décidément, devient sérieuse. L'élasticité de la peau se perd de plus en plus, au point que les bras sont brusquement fléchis, elle éclate ainsi que le ferait « un vernis trop sec ». Cela crée des excoriations fort sensibles, et la région entière est le siège d'insupportables démangeaisons. Petit à petit, de véritables ulcérations apparaissent, qui envahissent tous les doigts et les souffrances s'exagèrent. Déjà il n'est plus possible de douter que le péril ne soit fort grand. D'autres ont souffert de pareilles atteintes, qui y ont laissé plusieurs doigts, sinon plus. Notre radiographe écarte de lui ces pressentiments funestes. Ce qu'il faut, c'est travailler et chercher encore, c'est faire profiter ses semblables de ce que l'on peut découvrir. On fera des pansements sur les plaies les plus ouvertes, et lorsque les doigts auront subi pendant la nuit le contact adoucissant des onguents, ils retrouveront au matin leur indispensable souplesse. Ce qui adviendra plus tard, il le sait admirablement : mais, dit son biographe, M. Dufour, « il a fait le deuil de ses mains »! Connaissez-vous beaucoup de paroles plus belles?

Cela va encore quelque temps, grâce aux pansements, grâce à quelques mesures de protection qui commencent à être connues, grâce surtout à une ténacité et à un courage indomptables. Mais, en 1909, il faut à tout prix s'arrêter. L'état général est très affaibli, les plaies ont pris une allure franchement mauvaise, elles se sont considérablement étendues. Quelques semaines de repos sont tout ce que notre confrère accepte, après quoi il reprend le travail interrompu et bientôt ce n'est plus d'ulcérations

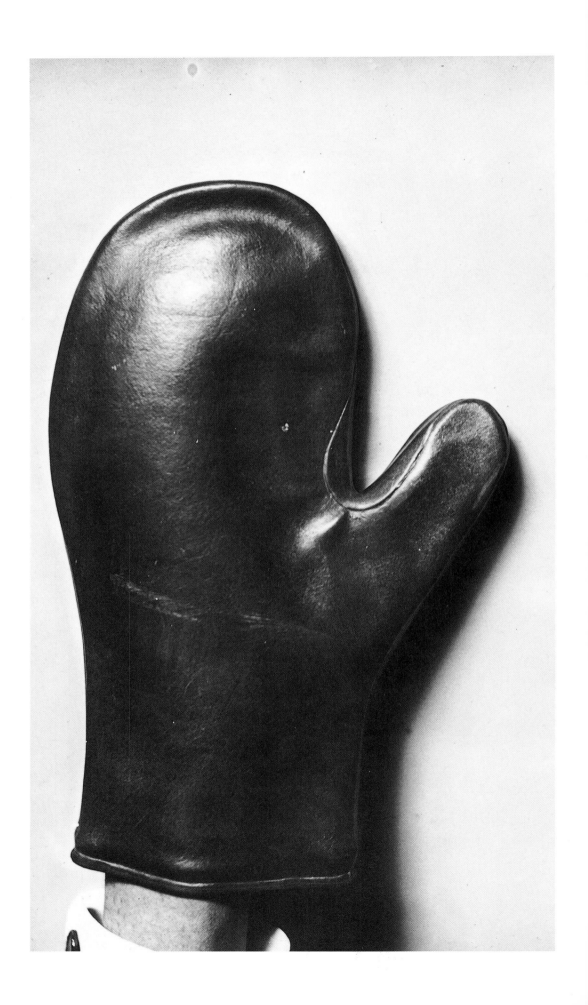

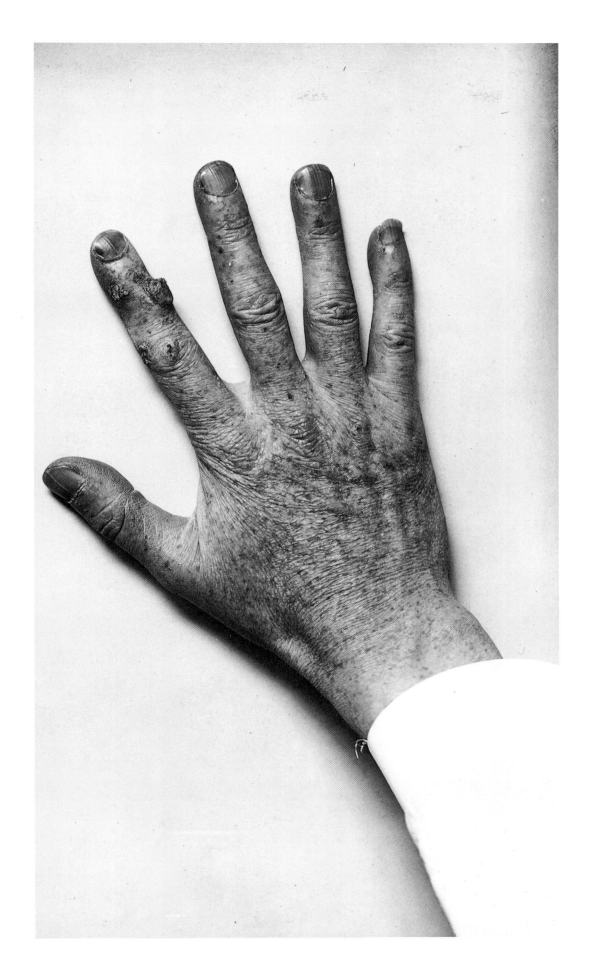

Complications dues au rayonnement sur les mains mal protégées du radiologue Ménard. On distingue plusieurs tumeurs cutanées.

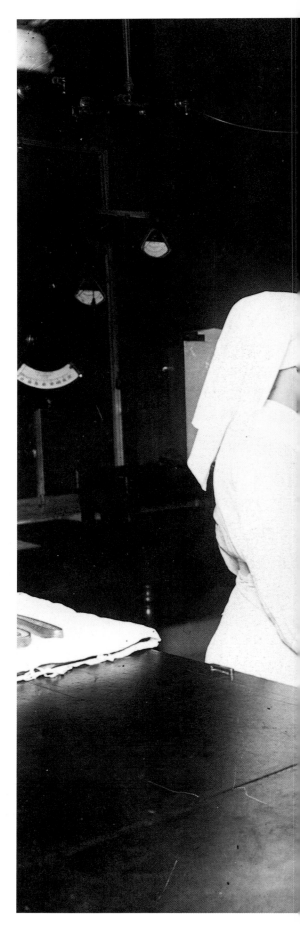

*Séance de radioscopie
en 1910.
La photo est inversée
(le coeur est à droite...).*

seulement qu'il s'agit, c'est bel et bien du cancer qui ronge les pauvres mains douloureuses. En 1911, la mutilation prévue commence. On ampute le médius gauche, en même temps qu'on enlève des ganglions infectés de l'aisselle. Le bistouri intervient une seconde fois en mai 1912, car la radiographie, par une sorte d'ironie sinistre, a montré dans l'intérieur de la main les os détruits par elle et un foyer dangereux en formation. Rapidement cette nouvelle intervention est jugée insuffisante et, en novembre de la même année, on ampute toute la main gauche, avec une partie de l'avant-bras.

Est-ce là de quoi arrêter cet héroïsme? Ce qui suit est presque incroyable. Conscient plus que jamais de l'abîme vers lequel il court, Henri Simon continue son travail. Avec le moignon d'amputation du bras gauche, avec une main droite atrophiée, desséchée, cousue de cicatrices, il manie l'ampoule meurtrière comme avant et persiste à interroger les terribles rayons!

En décembre 1913, le martyr prend fin. Le cancer n'a pas lâché sa proie. Il récidive dans l'aisselle gauche, envahit la poitrine, s'étend au-delà des ressources de l'art, et sans s'être plaint une fois au cours de ces dix années de torture, sans avoir consenti à sacrifier son œuvre à l'hostilité de la nature, le héros meurt debout, et l'on peut dire sur son champ de bataille, puisque, quelques jours avant sa mort, il était encore à son laboratoire, où il instruisait celui qui devait lui succéder.

*Archives d'Anthropologie
Criminelle*, 1914.

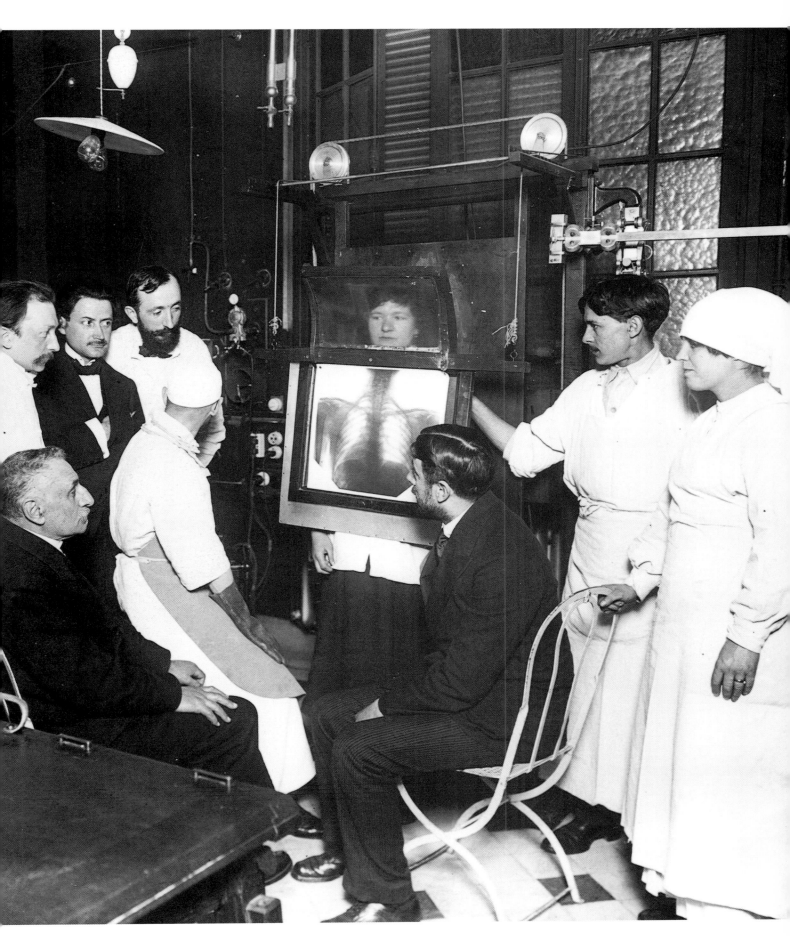

L'héliothérapie buccale.

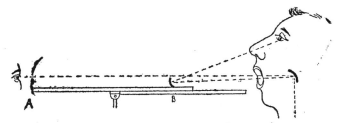

FIG. 18. — Appareillage d'Alexandre pour l'insolation laryngée.

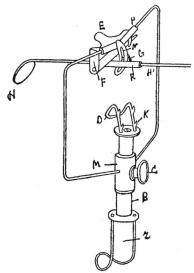

FIG. 20. — Appareillage de Kowler pour l'héliothérapie laryngée. — Appareil en place.

L'héliothérapie

*Des médecins se spécialisent dans les cures de soleil,
concevant tout un arsenal d'instruments : corsets,
lits, plâtres, fenêtres et même appareils
pour « l'insolation laryngée » (bains
de soleil de la gorge…).*

*Cabine d'héliothérapie
pivotante pour climats
septentrionaux.*

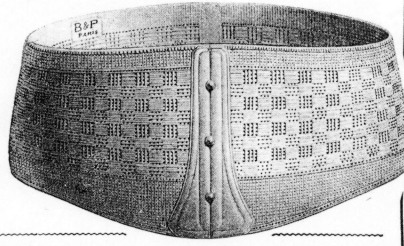

Une plaie : les bandagistes

L'Office Central pour la Répression de l'exercice illégal de la Médecine lance une campagne contre les charlatans qui écument les petites villes et font chaque année des centaines de victimes.

DANS leurs annonces, leurs prospectus, leurs circulaires, rédigés en style amphigourique, ces négociants font connaître qu'ils réalisent la « cure radicale » de la hernie (l'un d'eux s'intitule même *ancien curateur herniaire* (sic). Ils promettent aux hernieux la guérison complète et rapide, sans opération, moyennant le port de bandages ou de ceintures établis suivant des méthodes et des modèles perfectionnés, voire même brevetés, qui sont naturellement la propriété particulière de chaque maison.

C'est ainsi qu'il y a des bandages préférables à tous autres parce qu'ils sont sans ressorts et des bandages qui sont également préférables parce qu'ils en ont. Il y a des appareils pneumatiques, des appareils imperméables et surtout, – le grand succès du jour! – le nouveau bandage électro-médical « d'où se développe constamment un courant d'électricité vitale qui, sans danger ni douleur, guérit radicalement la hernie et dont les plus grands savants du monde, admirent la bienfaisante influence ».

A l'appui de leurs boniments, ces négociants déclarent posséder des milliers d'attestations; parfois, ils se risquent même à en publier une ou deux qui émanent de gens simples et crédules et sont destinées au public dont ils font partie.

Comme il faut savoir être de son temps et que la mode produit son rayonnement prestigieux jusque dans la bourgade alpestre ou bretonne la plus perdue sous le ciel, il n'y a guère de bandagiste ambulant qui ne se targue d'être philanthrope. Toutefois cette philanthropie est éminemment relative; à son endroit il convient de s'entendre. L'application du bandage est gratuite, mais le bandage lui-même ne l'est pas. Son coût normal se majore, au contraire, des frais énormes de la publicité qui l'a fait vendre, de ceux de la tournée du marchand, et, supplémentairement, de l'honnête bénéfice que s'alloue ce diseur de bonne aventure en rémunération de sa dextérité. Finalement, le prix oscille, suivant les cas et les têtes, entre ce qu'il serait si l'instrument avait été vendu dans le commerce ordinaire, et le joli denier de cinq cents francs. Telle la merveilleuse ceinture électrique du célèbre docteur américain qui se fabrique pour un dollar et se vend, en France même, sous l'égide protectrice de nos justes lois.

Il est de notoriété médicale que, trop souvent, le bandage est vendu à tort. Un malade se présente, porteur d'un abcès ou d'une adénite inguinale : le bandagiste l'examine, fait son diagnostic, et, soit par ignorance, soit cyniquement, en pleine connaissance de

3, CHAUSSÉE D'ANTIN
PARIS

LES SUCCÈS DE FRA

LA BRETELLE

Tient le pantalon
par le
bouton du milieu
et
lui donne une
ligne
impeccable

LA CEINTURE F

Contre la ptose
abdominale
replace les organes
et
supprime
l'obésité.

SE MÉFIER DES CONTREFAÇONS ET EXIGER L

Les envois ne se font que contre

cause, il lui applique son instrument. On devine sans peine le résultat. – Un autre malade souffre d'une rétention du testicule à l'anneau : même application désastreuse. – Un enfant atteint d'un cancer inopérable du testicule reçoit les soins d'un « spécialiste herniaire » : même application, suivie d'un ra-

pide décès. La famille se dispose à porter plainte, mais le parquet déclare qu'il se refuse à ouvrir des poursuites et le bandagiste n'est pas inquiété. – Un tuberculeux arrivé déjà au second degré s'égare à la consultation d'un docteur en médecine ambulant, qui consacre son exercice professionnel à

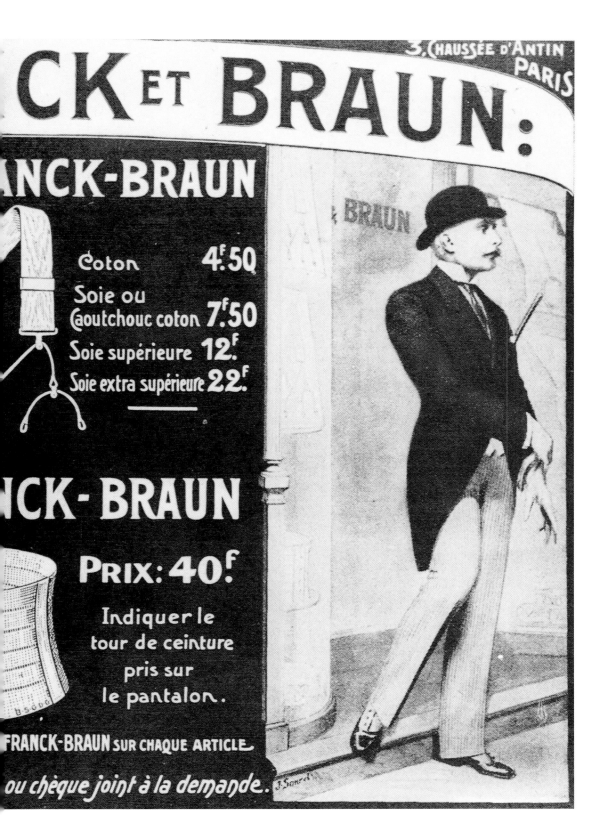

vendre des ceintures sous-ventrières. Le malade est palpé, ausculté, percuté et sort du cabinet médical… nanti d'un engin de 25 francs. – Ce ne sont d'ailleurs là que des exemples choisis au hasard entre beaucoup d'autres. Ils suffisent à mettre en lumière l'audacieuse exploitation dont le public est victime de la part des bandagistes ambulants et la nécessité de mettre un terme à leurs abus.

Le Concours Médical
Janvier 1907.

LA GUERRE DE 14

Des chefs bornés

Au début de la guerre, graves incidents entre d'autoritaires officiers de carrière et des réservistes du Service de Santé théoriquement placés sous leurs ordres mais pourtant responsables du domaine médical technique.

Il n'existe aucune définition du domaine technique du Service de Santé dans le règlement, mais des indications diverses, rencontrées çà et là, permettent de nous en faire une idée. Nous allons en donner quelquesunes concernant exclusivement le Service de Santé régimentaire (art. 52 et suivants).

a) Utilisation du personnel – Le médecin, chef de service, désigne le personnel qui marche avec la troupe et celui qui reste avec lui pour consulter le poste de secours. En cas de mouvement rétrograde, il désigne le personnel restant avec les blessés graves sous la protection de la Convention de Genève.

b) Poste de secours – Installation : Le médecin, chef de service, décide de l'opportunité de constituer un poste de secours et de l'emplacement qu'il doit occuper; il décide de l'opportunité d'en constituer un autre, en cas de mouvement en avant.

Composition : le poste de secours est constitué par la réunion du matériel et des voitures médicales.

c) Releve des blessés – Elle se fait par le personnel régimentaire sous la direction du médecin chef de service.

Ces prescriptions du règlement paraissent bien faire partie du domaine technique du Service de Santé. Or, que se passe-t-il pratiquement dans les corps de troupe?

a) Utilisation du personnel – Au N^e rég. d'infanterie jamais le colonel n'a admis que ce soit le médecin-chef qui désignât le personnel devant marcher avec la troupe. Le personnel composant le poste de secours a toujours été réduit au médecin-chef. Et celui-ci devait toujours rester auprès du colonel. Même chose dans des régiments voisins.

Au cours d'un mouvement rétrograde le colonel décida que le médecin-chef resterait lui-même avec une dizaine de blessés intransportables, laissés entre les mains de l'ennemi. Il finit par rapporter sa décision.

Le personnel du Service de Santé est souvent considéré par le commandement comme embusqué. Le commandement ne peut admettre qu'au combat les médecins soient moins exposés relativement que lui, et il fixe à ceux-ci des places qui ne sont pas toujours les leurs, les mettant quelquefois à côté de lui en vue de soins immédiats, le cas échéant. Il en résulte des pertes inutiles pour le Service de Santé et un mauvais fonctionnement de ce dernier.

b) Poste de secours – Installation. Au N^e rég. d'infanterie et dans la plupart des régiments, c'est le colonel qui décide de l'opportunité de l'installation d'un poste de secours et de son emplacement.

*Opération en plein air
au cours de manoeuvres
en 1913.*

Composition : Le colonel du Nᵉ rég. a toujours prescrit de laisser les voitures médicales au train de combat, souvent très en arrière des troupes, d'où l'impossibilité d'organiser un poste de secours convenable, le médecin-chef étant sans matériel suffisant.

c) RELEVE DES BLESSÉS – Au Nᵉ rég. d'infanterie en octobre 1914, le colonel donna l'ordre au médecin-chef d'aller lui-même chercher des blessés en avant des lignes, en plein jour, sous le feu de l'ennemi. La moitié du personnel, dont le médecin, ne revint pas.

De ce qui se passe dans les régiments il semble donc que l'opinion qui considérait les prescriptions des art. 52 et suivants comme faisant partie du domaine technique du Service de Santé est inexacte. A quoi se résume donc le domaine technique du Service de Santé? Est-ce la visite médicale?

Au Nᵉ rég. d'infanterie un chef de bataillon passait lui-même une visite de ses hommes, les interrogeant, leur faisant tirer la langue, prenant des décisions et n'envoyant à la visite que ceux qui lui paraisssaient les plus malades.

Enfin, pour être du temps de paix, le fait suivant mérite d'être signalé. Le colonel du Nᵉ rég. d'infanterie interdit un jour au médecin aide-major de modifier les régimes des malades à l'infanterie en l'absence du chef de service. Il fallut toute l'autorité de ce dernier pour faire rapporter cette décision.

Ainsi, quelle que soit la partie du service envisagée, nous ne voyons nulle part où est notre domaine technique. Et pour cause! En fait l'autorité technique des médecins militaires n'existe pas.

*Le Bulletin Médical
du 3 avril 1916.*

Comment inhumer tant de morts?

Personne n'aurait pu supposer un instant que la guerre ferait tant de victimes. Confronté à un gigantesque problème d'inhumations, le Service de Santé est contraint de revoir les règlements et de mettre au point de nouvelles techniques.

LA GUERRE DE 14

Un dernier salut.

189

LA GUERRE DE 14

Reims; juillet 1918.
L'identification des corps.
A gauche, les Français,
à droite, les Allemands.

Nous avons parlé d'un fourgon mortuaire. Nous estimons qu'il est indispensable. Actuellement, pour transporter les cadavres, on se sert de brancards, de brouettes-porte-brancards, d'autos sanitaires, de fourgons de matériel du Service de Santé de prolonges d'artillerie… etc. Mais on croise aussi souvent, sur le front, des convois funèbres, dans lesquels on porte le cercueil à découvert sur l'épaule; ce spectacle est très pénible. Ce qui est plus impressionnant encore, c'est le transport du cadavre, plié dans une toile de tente, suspendue à une perche que portent deux hommes, comme un paquet.

Ce mode de transport au cimetière porte atteinte au respect que nous avons pour nos morts et doit être formellement interdit lorsque l'on se trouve éloigné de la ligne de feu. On doit se servir d'un brancard.

Mise en bière

Au cimetière de secteur, toutes les inhumations seront faites avec un cercueil et un suaire qui sera blanc pour tous les militaires, quelle que soit leur religion. Pour les officiers, généraux et supérieurs, on pourra prévoir un linceul tricolore.

L'inhumation avec un cercueil sera favo-

rablement accueillie par les familles. Cela fait partie de nos traditions, de notre respect pour nos morts. Sur le front, les combattants se sont ingéniés à confectionner des bières à leurs camarades, utilisant pour cela les bois les plus disparates. On cite même le fait d'une troupe qui, ne possédant rien d'autre pour placer le corps de son officier, le mit dans une armoire à glace renversée « châsse lugubre et émouvante » qu'ils avaient prise dans une habitation particulière.

Dans les régiments d'artillerie, du génie, dans les formations de l'arrière, on peut affirmer que les hommes inhumés sans cercueil sont l'exception. Dans l'infanterie, on

se débrouille comme l'on peut, ce qui est illogique. Dans certaines divisions, on livre aux régiments, aux formations, des cercueils fabriqués dans les ateliers du génie. C'est une excellente mesure qui devait être généralisée, mais qui, pour l'instant, n'est pas réglementaire.

Dans notre projet, le magasin de réserve du cimetière possèdera des cercueils que l'on fera parvenir aux corps qui en feront la demande. Ils seront en bois blanc d'un même modèle. Il y aura trois tailles différentes.

Dans un secteur calme, la mise en bière se fera au poste de secours. Suivant les circonstances et les lieux, les cérémonies se feront dans les cantonnements, soit dans

Novembre 1917.
Inhumation rapide
après l'attaque.
Ici les corps
des combattants seront
enfouis sans distinction.

Sur le front d'Argonne.
Obsèques de soldats tués
par un bombardement
aérien.

l'église du village, si elle existe encore, soit dans une de ces nombreuses chapelles que la piété de nos soldats a élevées sur le front.

Inhumation
dans les fosses communes
entre les lignes

Après une attaque, nous sommes en présence d'un trop grand nombre de cadavres, ou de cadavres dans un état de décomposition avancée. De violents tirs de barrage, l'encombrement des boyaux par les relèves et le ravitaillement ne nous permettent pas d'envisager la possibilité de transporter tous les corps à l'arrière pour les inhumer dans le cimetière de secteur : nous sommes dans l'obligation d'en ensevelir la plus grande partie sur place. il n'est pas question d'enfouissement, mais d'inhumation.

Après entente avec le Commandement, le médecin divisionnaire indiquera au médecin-chef du G.B.D. le terrain où seront creusées les fosses. D'après les renseignements qu'il possèdera sur la position et la répartition des cadavres sur le champ de bataille, il choisira un emplacement convenable, à distance des sources, des cours d'eau et des lieux habités, défilé aux vues de l'ennemi, autant que possible dans un angle mort, à l'abri des balles et des obus. Nous estimons que, pour inhumer des cadavres, on ne doit pas exposer la vie des brancardiers. On sera pour cela souvent obligé de faire ces inhumations pendant la nuit, dans de mauvaises conditions.

L'identité est établie, la fouille est terminée, la succession est recueillie : le cadavre passe aux mains des fossoyeurs.

Leur premier devoir est de lui donner une tenue convenable, de lui enlever son équipement, de remettre en ordre ses vêtements. On ne doit pas déshabiller les cadavres inhumés dans les fosses communes. Nous demandons que l'on fasse une toilette élé-

mentaire, que l'on réduise les contractures des membres pour donner au corps une attitude normale.

Jusqu'à présent, nos morts ont été ensevelis pliés dans leurs toiles de tentes, qui ne sont pas faites pour cet usage. Nous proposons un modèle de suaire plus pratique, plus convenable, moins dispensieux. Nous pensons utiliser pour leur fabrication les vieilles bâches réformées ou la toile d'emballage. Le suaire a la forme d'une serviette dans laquelle on glisse le cadavre, puis que l'on ferme au moyen de lacs en sangle. Cette opération terminée, avant de descendre la cadavre dans la fosse, nous devons indiquer par quels moyens nous pourrons le reconnaître, si nous sommes un jour dans l'obligation de l'exhumer pour le rendre à la famille.

Moyens de reconnaissance des cadavres en cas d'exhumation

C'est dans ce but que le Généralissime, par sa Décision du 14 Mai 1915, a fait distribuer une deuxième plaque à tous les militaires. Malheureusement, l'on n'avait pas prévu un système pratique pour la porter, si bien que la majorité de nos soldats l'ont égarée. On peut affirmer que les hommes ensevelis avec une plaque sont l'exception. La plaque à souche est destinée à remplacer ces deux plaques. Solidement attachée au poignet par une chaîne métallique, on a des chances de la retrouver sur les cadavres. On la brisera au moment de l'identification, ce qui indiquera que cette opération a eu lieu. On laissera forcément la souche sur le corps : en la juxtaposant avec la partie mobile qu'on leur aura remise après le décès, les parents pourront contrôler l'identité du cadavre exhumé. Cet avantage est inappréciable.

Dans certaines unités, on place entre les

*L'adieu au copain
de l'escouade.
Notez le masque à gaz
porté en bandoulière.*

jambes du mort une bouteille contenant une fiche de renseignements. Ce serait aussi un très bon moyen à la condition d'avoir une fermeture hermétique, faite au chalumeau, ce qui est impossible sur le front.

L'Instruction du 19 Juillet 1915 a institué un nouveau moyen de reconnaissance. Il consiste à placer sur la poitrine du cadavre une plaque en plomb, portant le numéro correspondant au feuillet du carnet du champ de bataille. Nous proposons de ne pas laisser sur le cadavre cette plaque, mais de la fixer extérieurement au-dessus de la tombe. Pour cela, nous passons autour du cou du décédé un fil métallique résistant et inoxydable, avant de combler la fosse et nous attachons la plaque aux extrémités du fil qui émergent du sol.

Nous ne sommes pas partisans de cette

plaque portant uniquement un numéro. Il suffit que l'on égare le carnet du champ de bataille ou que l'on ne reconnaisse pas les points de repères indiqués pour l'emplacement des fosses communes, pour que, malgré ce moyen de reconnaissance, on se trouve en présence de cadavres anonymes. Nous avons étudié une étiquette sous verre, qui remédie à cet inconvénient. C'est un tube de verre plat, très solide, de petit volume, contenant une fiche métallique sur laquelle, avec une pointe de métal quelconque, on peut inscrire tous les renseignements réglementaires. Ces inscriptions sont très apparentes, indélébiles, avec le temps elles marquent davantage par suite de l'oxydation du métal. Cette étiquette se fixe aux extrémités du fil. Elle sert à la fois à la reconnaissance du cadavre et au repé-

rage de sa tombe. On la place sur un support ou on l'attache à la stèle.

Pour faciliter le travail des équipes chargées des inhumations, on fera fabriquer d'avance des attaches métalliques, suivant notre modèle. Lorsque le corps sera plié dans son suaire, on passera au niveau du cou le nœud coulant de l'attache, on la serrera. A l'autre extrémité, on attachera l'étiquette sous verre. On descendra le corps dans la fosse (dans les fosses communes, on n'a pas à tenir compte de l'orientation à donner aux cadavres des musulmans : tous sont alignés aussi bien que possible l'un à côté de l'autre, les pieds tournés vers le milieu de la fosse).

Le corps en place, on redresse le long de la paroi l'attache métallique en s'assurant qu'elle émerge bien au-dessus de chaque cadavre. On comble la fosse, sans trop tasser la terre, pour faciliter l'aération. On place aux extrémités de solides bornes – troncs d'arbres ou blocs de pierre, – pour bien la délimiter.

Dans le tertre recouvrant ces sépultures, on plante une ou deux stèles du modèle réglementaire. Ces stèles ne doivent présenter aucun caractère religieux.

La piété de nos soldats pour leurs camarades morts les engagera à décorer et à orner ces tombes collectives.

M. BOSREDON
Médecin aide-major de 1ère classe
Les inhumations aux armées
Archives de Médecine et
de pharmacie militaire, 1917.

*Un nouveau brancard :
la civière apportée
des tranchées est posée
directement sur
la « brouette », évitant
au blessé un deuxième
transbordement.*

Un chien
à l'hôpital militaire

*Petite histoire confirmant le rôle affectif et probablement
thérapeutique des animaux de compagnie
dans les hôpitaux.*

Musique et decorations, nos préparatifs de Noël marchent moins mal que je ne l'aurais cru. Je ne puis m'empêcher, toutefois, de les interrompre un instant pour noter une entrée originale : celle d'un zouave d'Alger et de son chien « Fend l'Air », qui s'appela un moment « Tue-Boches ». Leur histoire est jolie. Je vais la donner telle que je l'ai apprise du zouave ce matin. Si elle présente des lacunes, c'est que je n'ai pas voulu le laisser parler trop. Il est encore bien faible.

C'est le 12 décembre qu'il fût blessé, à Roquelincourt, près d'Arras, dans une tranchée, ou plus exactement dans un boyau, de première ligne. Les boyaux sont les couloirs qui relient les tranchées entre elles. Une bombe éclata près de lui, tua ses voisins et le couvrit de terre, le déplacement d'air ayant fait crouler les madriers qui soutenaient la paroi. Grièvement blessé, aux trois quarts enfoui, sans autre voisinage que celui des camarades morts, il se sentait aller au découragement, lorsque son chien, qui ne l'avait pas quitté de toute la guerre, arriva près de lui, s'empressa comme il put, se réapandit en gémissements pleins de tendresse : « Il n'est pas vrai qu'il m'ait déterré, mais il me remonta le moral. Je commençais à me dégager les bras, la tête, le reste du corps; ce que voyant, lui-même se mit à gratter de son mieux autour de moi, et ensuite à me caresser, à lécher mes plaies. J'avais le bas de la jambe droite arraché, la gauche atteinte au mollet, un éclat de bombe dans la fesse, deux doigts de coupés, le bras gauche brûlé. Je me traînai en saignant jusqu'à la tranchée, où j'attendis une heure les brancardiers. Ils me menèrent au poste de secours de Roquelincourt où l'on enleva mon pied avec sa chaussure; il ne tenait plus que par un nerf. Là je fus emporté sur un brancard à Anzin, puis en voiture à un autre poste de secours, où l'on me recoupa encore, puis à l'ambulance de Houvin-Hauvigneul, où je restai cinq ou six jours. Un train sanitaire m'emmena ensuite à Aubervilliers, d'où je suis venu ici. Mon chien avait assisté au premier pansement. Une heure après mon départ, il s'échappa et vint me retrouver à Anzin. On me le laissa à l'ambulance et dans le train sanitaire. »

A la gare d'Aubervilliers, il fallut se séparer. Voyant combien était grave l'état du pauvre zouave, le major ordonna de l'évacuer chez nous : « Mon chien avec moi? » demanda le blessé, et il conta leur histoire. Tout attendri qu'il fut, le major ne pouvait prendre sur lui d'envoyer un chien à l'hôpital militaire. « Mais que va-t-il devenir? Et où le retrouver plus tard? » La directrice de la cantine promit de le garder et d'en prendre soin. « Merci, madame. Seulement tenez-le bien, sans quoi il se crèverait plutôt que de ne pas suivre l'auto de l'ambulance. »

Ce ne fut pas sans peine en effet, qu'après les adieux des deux amis, on put garder celui qui restait. Plus d'une infirmière en versa des larmes.

Un témoin raconte : « Solidement attaché dans le fourgon de la cantine, comblé de friandises auxquelles il ne touchait point, et d'attentions qui le laissaient insensible, il resta là deux jours. Ayant oublié de demander son nom, on l'appelait ingénieusement Tue-Boches... « Mon petit Tue-Boches! Gentil Tue-Boches, mange ta soupe. Ton maître va bien! Tu vas le revoir! Voilà du sucre... » Mais Tue-Boches restait muet, refusant tout, triste à mourir... Toute la cantine en était angoissée! On n'y put tenir : « Viens, Tue-Boches, dit la directrice, nous allons essayer de te rendre à ton ami. » Et on alla à l'Ambulance américaine et on raconta le sauvetage du zouave; et le chein dûment bichonné et passé à l'antiseptie la plus raffinée, fut admis à l'hôpital, où il retrouva son maître.

FELIX KLEIN

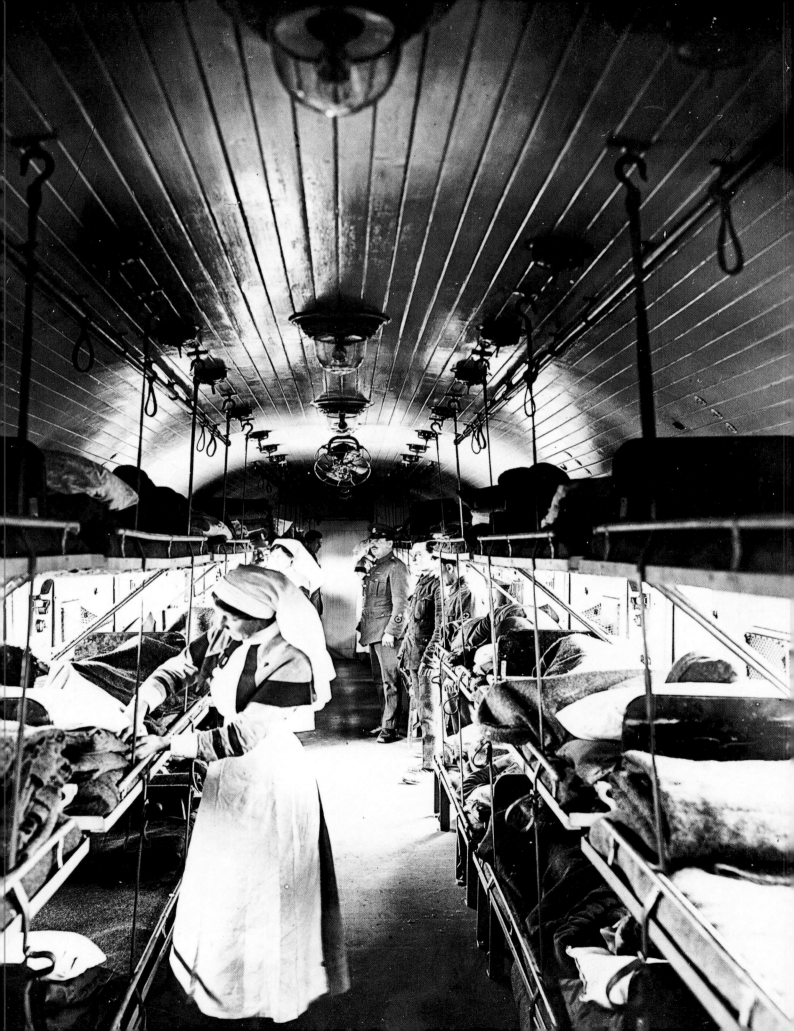

Wagon ambulance
anglais à la fin
de la guerre.

LA GUERRE DE 14

Une ambulance de gare

*L'auteur décrit le petit monde des aides bénévoles :
bourgeoises en tenue d'infirmières,
ecclésiastiques, etc., chargés
d'accueillir les blessés
à la gare.*

16 août,

DEUXIEME train. Il est annoncé deux heures à l'avance. Les petits cyclistes ont le loisir de parcourir la ville : tout le personnel est prévenu.

L'infirmerie est toute blanche d'infirmières. Répétition générale. L'infirmière-major, la grande maîtresse, est là. Point n'est besoin de son brassard rouge pour la reconnaître : les sourcils hauts, le bonnet en diadème, la voix tranchante et le geste sec... tout tremble. Point d'initiative privée, chacune à son poste!

Dans l'hilarité générale on amène le petit chariot à pansement : on n'a pas trouvé mieux qu'un landau d'enfant, sans capote, déguisé sous la peinture grise et deux croix rouges. L'équipe de service y entasse bouteilles, boîtes, bandes, coton, cuvettes et plateaux. Cela ressemble à la petite voiture d'un buffetier de gare : « Brioches... croissants... petits pains? » On s'extasie, mais au fond de soi chacun trouve l'objet un peu ridicule, et lorsqu'il s'agit d'une bonne âme pour la pousser, toutes invoquent d'excellentes raisons pour décliner l'honneur... D'office, on désigne la plus jeune.

De même, il y a peu d'empressement autour de la marmite aux compresses. Mais on se dispute l'honneur du plateau chirurgical. L'une s'empare triomphalement du pinceau

à teinture d'iode, l'autre d'une carafe d'eau bouillie. L'on s'assure des dames interprètes. (Il y aura des prisonniers.)

– Le train, mesdames!

La procession s'ébranle : l'infirmière-major, le docteur, tout de lin blanc, les manches relevées comme un sacrificateur, les bras humides et les mains hautes, afin d'éviter les contacts impurs. – « Brioches, croissants, petits pains, » la voiture où les bocaux dansent, encadrée de jolies dames aux bras nus qui se sont assurées de la belle ordonnance de leur coiffure avant d'affronter les quais. L'officiante au plateau le tient, ce cher plateau, comme s'il devait recevoir la tête de Jean-Baptiste. Suit : la marmite d'eau bouillie, balancée entre deux autres dames; suivent : les mannes aux cuvettes; enfin, les femmes de service avec des seaux hygiéniques.

Il y a foule sur les quais : tout le personnel de la gare : officiers, chapelet de braves territoriaux. Tous les majors des hôpitaux auxiliaires, l'air goguenard. Tout le comité de la Croix-Rouge : directeurs, administrateurs, secrétaires. Tout le personnel des cuisines : les dames auxiliaires avec leurs mannes à provisions établies sur des tréteaux de bois, par petits postes, le long de quais. Les messieurs affiliés... et c'est tout. Le quai regorge. Il n'y aura plus de place pour les blessés.

LE TRAIN. – Le premier train « officiel, »

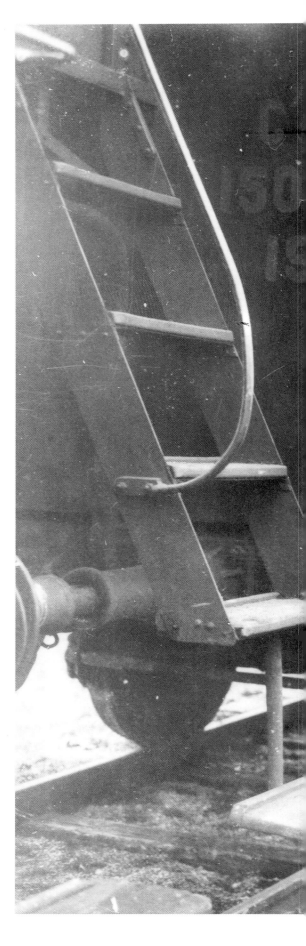

Une jolie petite infirmière apporte des brocs d'eau aux poilus en attente sur une voie de triage.

moitié wagons de troisième, moitié wagons à bestiaux.

LA VAISSELLE. – On vient de ravitailler un train de huit cents blessés. On annonce un autre train de cinq cents blessés dans une demi-heure, et, dans deux heures, un grand train de mille.

« A la vaisselle! » Tout le monde à la vaisselle! Il ne s'agit pas de se dérober. Aux portes de sortie il y a de sévères gardiens qui rabattent les fuyantes proies.

Ah! ce barbotage de quarts! On fait contre fortune bon cœur, et mains noires, mains blanches, mains rouges veinées de violet, mains douces, mains flasques, grosses mains d'hommes maladroites, onctueuses mains potelées, tout cela s'échaude, se graisse, ferraille, tripote, frotte, bouscule, empile et range, dans un bourdonnement de rires, de cris, de bavardages, tandis que l'administrateur monte la garde devant les tentes.

C'est l'inévitable corvée à laquelle on n'échappe pas. Mme la baronne de B… y voisine avec un chanoine, docteur en théologie.

LINONS ET BATISTES. – Comme les mouchoirs s'épuisaient, il fut à la mode d'apporter ses mouchoirs de bal, douces reliques sorties d'un sachet fleurant la violette ou l'iris.

Les heureux blessés qui recevaient le don relevaient galamment les pointes de leurs moustaches, baisaient le petit carré de dentelles d'un joli geste à l'ancienne France et, le serrant précieusement dans leur portefeuille, continuaient de se moucher dans des lambeaux de pansements…

MONSEIGNEUR. – Ces messieurs les officiers de la gare se sont fâchés : « Il y a trop d'encombrement et trop de désordre sur les quais. Ces dames de l'ambulance ne font pas assez de ménage… etc., etc. »

L'évêque assiste silencieusement à l'algarade et se promène de long en large sur les quais. Deux petits garçons le suivent portant sa serviette bourrée de médailles : *Dieu et Patrie.*

Un train montant : des grappes de chasseurs aux portières, sur les marchepieds,

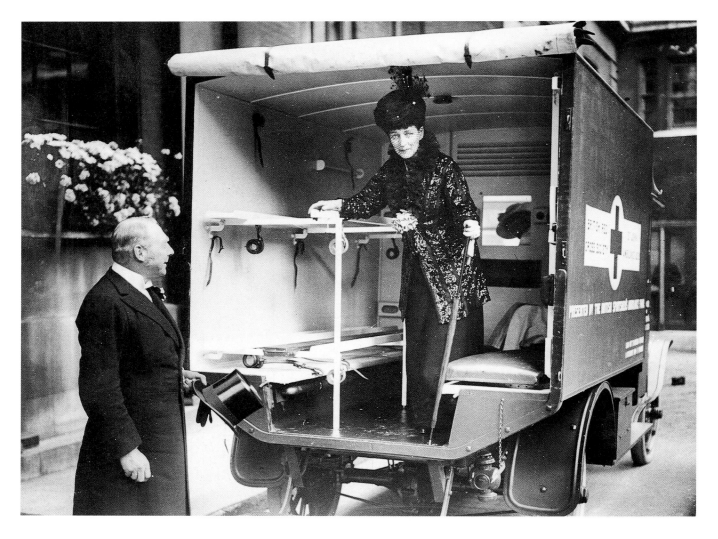

Mai 1918.
La Reine Alexandra
et Lord Lodsale inspectent
une ambulance offerte
à la Croix Rouge
par une association
de sportsmen britanniques.

Page de droite :
La Baronne
Henri de Rothschild
en tenue d'infirmière.

Pages suivantes :
Un train ambulancier.
Les brancardiers
sont des soldats serbes.

jusque sur les toits : « Vive monseigneur! » Les petits gamins « lui » tendent les paquets. Lui, tremblant de hâte, dépouille papiers, ficelles, et, par poignées, puise inlassablement, et lance à toute volée ses médailles sur chaque wagon qui passe, s'animant comme au jeu de balles. Les soldats s'excitent au jeu : « Attrapera! – Attrapera pas! – A moi, monseigneur! Merci, monseigneur! – Vive monseigneur! »

A la gare, tout le monde est sur les quais : officiers, soldats, infirmières... Pour un peu, on applaudirait aux beaux coups d'adresse et Monseigneur est très content. Et puis, comme le train est passé et que des multitudes de petits papiers à médailles jonchent le sol autour de lui, Monseigneur sourit mystérieusement, rentre à l'infirmerie, en ressort avec un balai... et, gravement, un peu gauchement, avec la plus grande application du monde, se met en devoir de nettoyer le quai...

La crise débutait par une élévation de température, des mouvements désordonnés et une grande nervosité dès l'approche d'un train de blessés. La fièvre augmentait à l'apparition du premier soldat couché sur une civière. A la vue d'un membre enveloppé dans un lambeau de toile rougie, les pulsations se précipitaient, les gestes perdaient de plus en plus leur coordination, le cerveau battait la campagne et les premiers symptômes se déclaraient.

Les doigts palpaient d'abord innocemment les alentours de la plaie convoitée. On offrait d'entailler le drap de la capote raidie, on proposait des épingles de sûreté, on tâtait avec délices la peau saine de chaque côté de la blessure, on posait d'insidieuses questions : « N'est-ce pas trop serré? N'est-ce pas trop sec. Est-ce solide? » Le brave soldat tombait immédiatement dans le piège : d'ailleurs, il ne demandait pas mieux. Alors les doigts tremblants se jetaient sur la proie. – L'ivresse de déplier les bandes, d'enlever un à un les carrés protecteurs, de sentir la toile résister, de tamponner à l'eau tiède, de voir le coton se détacher flocon par flocon, de découvrir enfin la plaie, le mystère caché sous tant de voiles, le trou net et rond de la balle, auréolé de violet, où les bourrelets de chairs granuleuses et noircies forment entonnoir, l'entrée d'une baïonnette, ouverte sur la peau comme une bouche grimaçante et lippue s'épanouissant en hideux sourire, la pire curiosité des blessures que l'on n'ose découvrir tout à fait, tant elles paraissent horribles et profondes, l'étrange émotion de sentir sous sa dépendance ces grands corps de guerriers abattus, la vanité de remplacer par un ouvrage de ses propres mains l'ancien pansement a priori détestable, la persuasion de sauver un condamné à mort... et la gloire d'avoir bien mérité de la patrie!

Ainsi se développait l'accès normal.

Après cette première manifestation, le délire ne connaissait plus de bornes. Frénétiquement, la malade se jetait sur son plus proche voisin, et bras, jambes, cuisses, tête, ventre, épaules, doigts passaient entre ses mains armées d'iode et d'eau bouillie. Une fièvre sacrée l'exaltait, elle devenait machine à panser, et rien ne l'arrêtait, pas même la défense du médecin!

L'épidémie les gagnant toutes, ce fut à chaque train une débauche de coton, de toile, de tarlatane, de taffetas gommé. Sur les civières, sur les banquettes, sur la paille, sur les marche-pieds, sur les quais; debout, couchés; à l'abri, en plein vent, au soleil, à la pluie, à la poussière, au froid, au chaud, ce n'étaient que pans de chemise flottants, poitrails nus, flancs ouverts, jambes déculottées. Elles pansaient, pansaient, pansaient.

La maladie prit des proportions tellement inquiétante que tous les docteurs se liguèrent pour sévir. Ils employèrent les grands remèdes : ils enlevèrent tout droit de pansement à une bonne moitié des infirmières qu'ils renvoyèrent à leurs occupations de la lingerie ou du ravitaillement. Ils firent surgir un ordre du ministère interdisant aux dames de toucher aux pansements sans l'ordre formel du médecin-major.

JOSÉ ROUSSEL LÉPINE
Une ambulance de gare, juin 1916.

La rééducation des mutilés

*Une ruche, c'est ainsi que le journaliste décrit cette école
de rééducation installée dans un ancien cloître.
Les malheureuses victimes ont encore droit
à tous les égards...*

SALLES d'écriture, de dessin, de sténo-dactylographie ont sur leurs bancs de grands élèves mutilés dont la docilité et l'application sont admirables. Ces élèves apprennent la géographie, le calcul, la législation commerciale, les langues vivantes. Nous avons vu les tableaux de comptabilité d'un amputé des deux avant-bras, et comme, malgré tout, il semblait qu'une vague incrédulité était dans nos yeux, l'élève a glissé son porte-plume entre chair et habit de son moignon, puis, d'une fort belle anglaise, il a écrit devant nous : « Vive l'armée! » et signé de son nom; comment ne pas être ému devant de pareilles choses!

Entrons dans les ateliers du bois, du fer, des arts plastiques, de la reliure, du cartonnage, de la cordonnerie, de la fabrication des espadrilles, et notre étonnement ne fera que s'accroître tant sont parfaits les travaux exécutés, tant ils témoignent d'adresse, tant s'émeut en nous la sympathie humaine devant cet admirable effort de la volonté.

Mais voici l'enseignement le plus élevé, le témoignage le plus beau du courage, l'exemple le plus merveilleux qu'il soit possible de présenter en réconfort d'espoir à ceux que cette guerre aura mutilés. Dans un atelier de vannerie, une jeune femme victime d'un bombardement tresse des scions d'osier. A notre approche, elle s'arrête un instant pour lever les yeux sur nous, et nous adresser un sourire de bienvenue où l'humilité de l'infortune, le charme de la jeunesse et la vague tristesse de la vie sont empreints, formant un mélange inexprimable qui vos trouble. Cette jeune femme est amputée des deux avant-bras. Elle tresse les scions avec une dextérité sans égale; le petit panier qu'elle achève est d'un fini remarquable. On la regarde faire et on doute de la réalité de ce que l'on voit; mais voici qui dépasse tout ce que l'on pourrait imaginer. Elle court à sa boîte d'ouvrage, en retire une aiguille, du fil, enfile l'aiguille et coud. Nous restons silencieux et je n'affirmerais pas qu'il n'y ait des larmes dans nos yeux. Le petit travail de couture terminé, elle adapte à son moignon un appareil prothétique, fixe un crochet à son extrémité et continue une pièce de broderie à jour d'une grande difficulté d'exécution. Cette jeune femme a des enfants tout petits qu'elle habille elle-même; elle lace les cordons de leurs chaussures. Quand on a vu ces choses et que l'économe de la maison vous montre ensuite le menu du repas des pensionnaires ou d'autres petits détails de son administration, on le suit, on l'écoute très certainement, mais je ne suis pas bien certain que l'on soit à ce qu'il vous dit, car l'autre image, celle de cette jeune femme amputée des deux bras, qui de ses moignons rapprochés raidit l'extrémité du fil blanc pour l'engager dans le trou de l'aiguille et en saisir

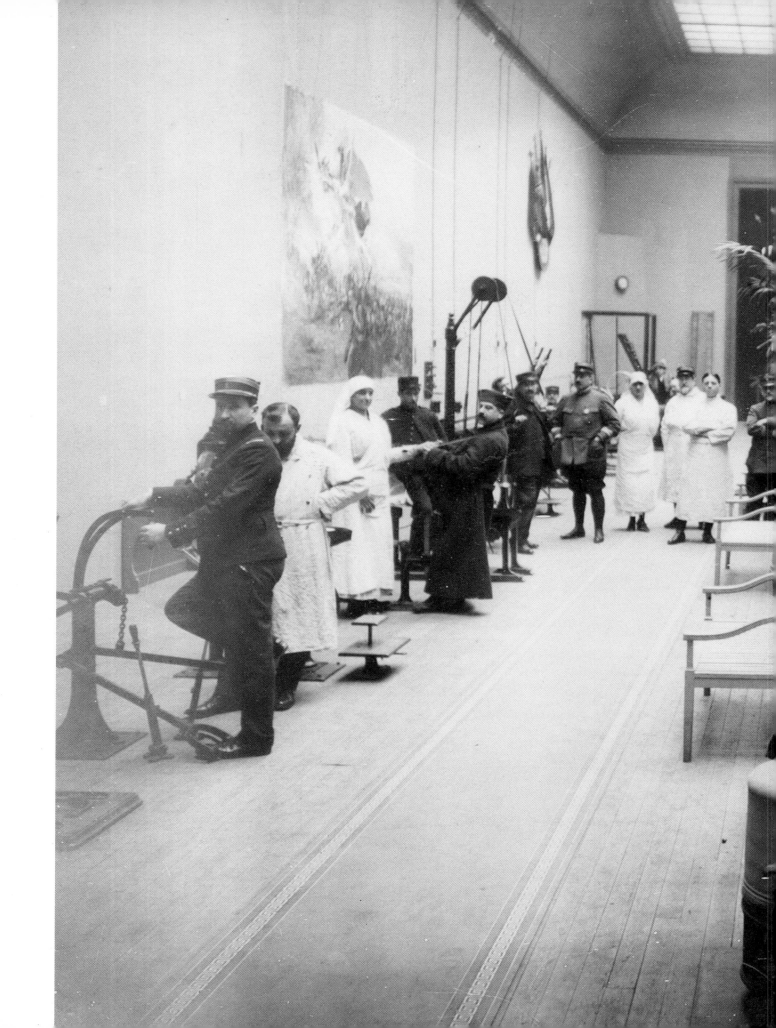

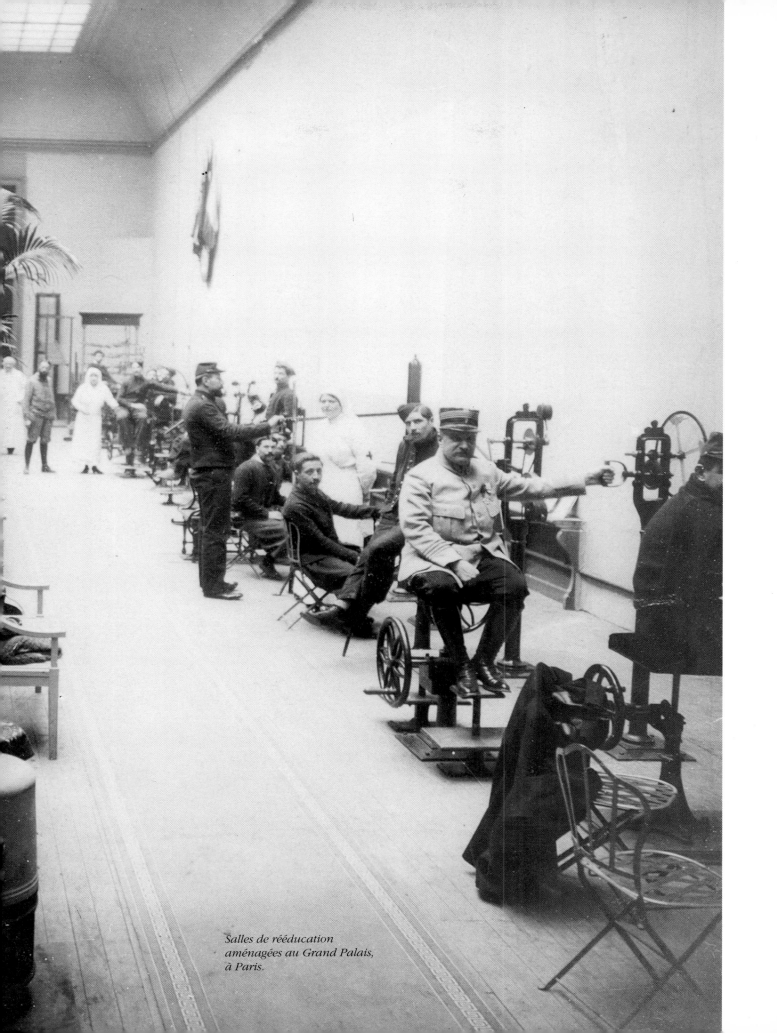

Salles de rééducation aménagées au Grand Palais, à Paris.

Ci-contre :
Carte postale éditée
en 1919. La censure
n'aurait pas autorisé
sa parution
pendant la guerre...
trop démoralisant.

UNIS PAR LE MALHEUR !

La guerre de 14-18
a donné lieu à
des progrès considérables
dans les prothèses,
qui permettent aux
amputés, non sans
difficulté cependant,
de travailler et même
de jouer de certains
instruments de musique.

de l'autre côté le bout si ténu qu'on le voit à peine, cette idée vous obsède comme un image de l'au-delà.

Sachant combien nombreux sont nos mutilés de guerre, nous avions été frappés de ne trouver dans cette école normale de rééducation qu'un nombre assez restreint d'élèves. Nous avons demandé au médecin-chef de l'Hôpital-dépôt pourquoi les mutilés ne se rendaient pas en plus grand nombre à l'Ecole de Rééducation; celui-ci nous a répondu qu'ils avaient hâte de retourner chez eux. Il serait cependant à souhaiter qu'ils fussent conduits à l'Ecole de Rééducation uniquement pour juger de visu de ce qu'ils seraient capables de faire, le jour où ils auront le courage de vouloir. Pour nous, Français, la persuasion morale est la meilleure des contraintes, il faut l'utiliser; elle donnera au mutilé cette conviction qu'il

peut, s'il le veut, n'être pas seulement qu'un glorieux mutilé, mais aussi un homme utile à lui-même et à la société. Pourrait-il ne pas être ébranlé par l'exemple vivant qu'il aura sous les yeux? Ses maîtres, quels seront-ils? Un professeur d'écriture qui, amputé des deux mains, fait de la calligraphie avec son avant-bras; cet autre, qui amputé du bras droit, fait avec son bras gauche des modèles d'écriture et de dessin; cet artiste modeleur, qui ayant perdu son bras à la bataille de la Marne, pétrit la glaise et façonne, de sa main gauche, des figurines de cire ou d'argile, des médaillons d'un goût parfait et d'une exécution impeccable.

Le Bulletin Médical, avril 1916.

Ce mutilé de guerre peut conduire et changer la roue de sa voiture spécialement aménagée.

*Evacuation sanitaire
à l'Anglaise : une rangée
d'infirmières au garde-
à-vous et un blessé
soigneusement enveloppé
dans une couverture
sans plis.*

Le mythe
de l'évacuation
sanitaire

*Cette idée a beaucoup agité les milieux de l'Aviation et de la Médecine.
Ses promoteurs pensaient que les belligérants respecteraient
les avions et le personnel médical, les autorisant
à atterrir sur le champs de bataille et de décoller
vers leurs lignes avec les blessés. On sait ce qu'il
en advint dès la deuxième guerre…*

*Evacuation à la Française,
à la Libération : Précisons
que ce brancard à roulettes
pouvait se replier et tenir
dans un sac à dos.*

Ci-contre :
Le Challenge des Avions
Sanitaires, à Orly en 1936.
A l'arrivée de leur voyage,
les blessés sont sourds.

Page de gauche :
Le colonel supervise
l'exercice.

Ci-dessous :
Le brancard à coussin
d'air supprime
les chocs mais fait voler
la poussière à vingt mètres
aux alentours.

CREDITS PHOTOGRAPHIQUES

TABLE

SPLENDEURS ET MISERES DES PRATICIENS   6

L'éternelle question des honoraires   8
Les quartiers difficiles   13
Le Colibri mélodrame   17
Un dermato poète   20
Joute littéraires entre médecins   23
Le médecin de campagne   27
Charcot à la Salpêtrière   31
Hypnologie : on peut transférer
la maladie sur un sujet sain   35
Le Congrès   39
Compte-rendu moral du Congrès de Lille   41
Elisabeth Blackwell,
la première femme médecin   45
Femmes, renoncez à des études répugnantes!   49
Le combat des femmes médecins   53
Un succès du Docteur Depaul au Brésil   57
Le professeur Metchnikoff
invente la macrobiotique   61
Le médecin des toréadors   65
La voiture guérit tout   68
Exaspéré par le coût de sa voiture   75
Médecins, convertissez-vous à l'automobile ..   77

L'HOPITAL   82

Le stage hospitalier   85
Une tradition de fêtes extravagantes   92
Sacrilège : une fresque
de la salle de garde est grattée   98
Un nouveau service de chirurgie à Cochin 101

L'Hôtel-Dieu en 1890. Description 108
Une opération avant l'anesthésie................. 111
Le grand Péan opère en habit 123
Les horreurs de la chirurgie esthétique 131
Médecins et infirmières de cinéma 137
Eternelles promesses aux infirmières 139

LE MATERIEL   144

Modèles anatomiques pour l'enseignement... 147
L'expo d'Hygiène 149
La fabrication du catgut 153
Produits pharmaceutiques 157
Les crachoirs de poche 159
Le traitement électrique de la neurasthénie ... 165
La thérapie vibratoire 167
Les martyrs des rayons X 171
L'héliothérapie 177
Une plaie : les bandagistes 179

LA GUERRE DE 14   182

Des chefs bornés 185
Comment inhumer tant de morts 188
Un chien à l'hôpital militaire 198
Une ambulance de gare 201
La rééducation des mutilés 209
Le mythe de l'évacuation sanitaire 217

CREDITS PHOTOGRAPHIQUES   220

CET OUVRAGE

A ÉTÉ ACHEVÉ D'IMPRIMER
EN JANVIER 1995
SUR LES PRESSES DE
ALMA GRAFICHE
A MILAN